사라지거나 달라진
우리
옛 직업

한눈에 펼쳐 보는 전통문화 ❾
사라지거나 달라진 우리 옛 직업

초판 1쇄 인쇄 | 2012년 4월 18일
초판 1쇄 발행 | 2012년 4월 25일

지은이 | 이영민
그린이 | 김이솔

발행인 | 양원석
편집장 | 전혜원
기획 | 김경애
편집진행 | 정윤경
디자인 | 씨오디 Color of Dream
마케팅 | 김경만, 곽희은, 송기현, 우지연
제작 | 문태일, 김수진

펴낸곳 | (주)알에이치코리아
주소 | (153-802) 서울특별시 금천구 가산디지털2로 53, 20층 (한라시그마밸리)
문의 | 02-6443-8869(내용), 02-6443-8838(구입), 02-6443-8962(팩스)
등록 | 2004년 1월 15일 제 2-3726호

ISBN 978-89-255-4670-4 (74380)
ISBN 978-89-255-4384-0 (세트)

* 값은 책 뒤표지에 있습니다.
* 이 책은 저작권법에 따라 보호를 받는 저작물이므로 무단 전재와 무단 복제를 금하며,
  이 책 내용의 일부를 이용하시려면 반드시 저작권자와 (주)알에이치코리아의 서면 동의를 받아야 합니다.
* 잘못 만들어진 책은 구입하신 곳에서 교환해 드립니다.
* 모서리가 날카로워 다칠 수 있으니 사람을 향해 던지거나 떨어뜨리지 마십시오.

RHK 는 랜덤하우스코리아의 새 이름입니다. 더 유익한 콘텐츠로 여러분과 함께하겠습니다.

한눈에 펼쳐 보는 전통문화 ❾

사라지거나 달라진
우리 옛 직업

글·이영민 그림·김이솔

주니어 RHK

시리즈 소개
한눈에 펼쳐 보는 전통문화

〈한눈에 펼쳐 보는 전통문화〉는 어린이들에게 한국인으로서의 긍지와 뿌리를 심어 주는 전통문화 시리즈입니다. 재미있는 한 편의 이야기를 읽다 보면 자연스레 우리 조상들의 슬기와 지혜를 엿볼 수 있어요. 정확한 설명과 그림 정보들을 통해 우리 전통문화 유산에 대한 지식을 쌓을 수 있습니다. 또한 책 속 부록으로 제시된 '한눈에 펼쳐 보는 전통문화' 코너를 통해 본문 이야기 속에 제시된 전통문화 정보를 한눈에 파악할 수 있어요.

재미있는 이야기와 풍부한 정보가 가득합니다!
조상들의 생활과 풍습에 관한 재미있는 이야기, 역사와 문화재에 대한 올바른 정보, 자랑스러운 국보와 과학 기술이 돋보이는 주거 생활, 다양한 도구들, 예로부터 전해져 내려오는 바른 먹을거리, 복식 문화 등 우리나라의 전통문화를 총망라하여 내용을 구성하였습니다.

쉽고 자세한 그림으로 어린이들의 이해를 돕습니다!
이야기에 나오는 재미 위주의 장면 그림보다는 정보 부분에 해당하는 그림만 수록하여 보다 쉽고 자세하게 전통문화 관련 정보를 익힐 수 있도록 했습니다. 특히 주제별로 하나씩 큰 그림들을 모아 책 속 부록으로 재구성한 '한눈에 펼쳐 보는 전통문화' 코너를 통해 그림만 살펴보더라도 전통문화를 쉽게 파악하여 지식을 쌓을 수 있습니다.

한 편의 재미있는 이야기 속에
권별 주제와 관련된 정보가
알차게 담겨 있어요.

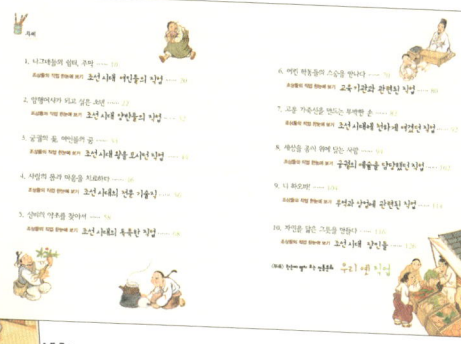

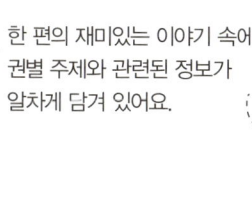

어린이들이 이해하기 쉬운 그림을 통해
전통문화를 설명하고 있어요.

이야기 속에 등장한 전통문화
관련 정보를 한눈에 파악할
수 있도록 구성하였어요.

〈교과연계표〉 사라지거나 달라진 우리 옛 직업		
학년	교과목	단원
3학년	1학기 [사회]	1. 고장의 모습(고장 사람들이 하는 일)
4학년	1학기 [사회]	1. 경제생활과 바람직한 선택(생산 활동과 직업의 세계)

 차례

1. 나그네들의 쉼터, 주막 ······ 10
   조상들의 직업 한눈에 보기 **조선 시대 여인들의 직업** ······ 20

2. 암행어사가 되고 싶은 소년 ······ 22
   조상들의 직업 한눈에 보기 **조선 시대 양반들의 직업** ······ 32

3. 궁궐의 꽃, 여인들의 꿈 ······ 34
   조상들의 직업 한눈에 보기 **조선 시대 왕을 모시던 직업** ······ 44

4. 사람의 몸과 마음을 치료하다 ······ 46
   조상들의 직업 한눈에 보기 **조선 시대의 전문 기술직** ······ 56

5. 신비의 약초를 찾아서 ······ 58
   조상들의 직업 한눈에 보기 **조선 시대의 독특한 직업** ······ 68

6. 어린 학동들의 스승을 만나다 …… 70

    조상들의 직업 한눈에 보기 **교육 기관과 관련된 직업** …… 80

7. 고운 가죽신을 만드는 투박한 손 …… 82

    조상들의 직업 한눈에 보기 **조선 시대에 천하게 여겼던 직업** …… 92

8. 세상을 종이 위에 담는 사람 …… 94

    조상들의 직업 한눈에 보기 **궁궐의 예술을 담당했던 직업** …… 102

9. 니 하오마! …… 104

    조상들의 직업 한눈에 보기 **무역과 상업에 관련된 직업** …… 114

10. 자연을 닮은 그릇을 만들다 …… 116

    조상들의 직업 한눈에 보기 **조선 시대 장인들** …… 126

〈부록〉 한눈에 펼쳐 보는 전통문화 **우리 옛 직업**

여는글
사라지거나 달라진 우리 옛 직업

 조선 시대와 오늘날은 사람들의 사는 모습이 매우 달라요. 그래서 사람들의 직업도 조금은 달랐답니다. 옛날에는 왕이 있었지만 지금은 왕이 없기 때문에 궁궐에서 왕과 왕의 가족을 돌보던 궁녀나 내시 같은 직업을 지금은 볼 수 없어요. 또 반대로 컴퓨터가 없던 조선 시대에는 컴퓨터 프로그래머나 프로게이머 같은 직업은 없었겠지요? 하지만 외국과 교역을 할 때 통역을 하던 역관처럼 부르는 이름만 달라졌을 뿐 지금까지 전해져 내려오는 직업도 있어요.

여러분의 꿈은 무엇인가요? 자라서 어떤 일을 하는 사람이 되고 싶나요? 여러분은 어떤 직업을 가지든 자신만의 꿈을 키워 나갈 수 있는 기회가 얼마든지 있어요. 하지만 여러분이 조선 시대에 사는 아이였다면 어땠을까요?

소년 해치는 암행어사가 되고 싶었지만 결국 그 꿈을 포기하게 돼요. 그

 이유는 조선의 신분 제도 때문이랍니다. 조선 시대에는 태어날 때부터 부모에게서 물려받은 신분에 따라 가질 수 있는 직업도 생활 모습도 심지어 의복까지도 모두 엄격하게 정해져 있었어요. 만약 해치가 여자아이였다면 선택할 수 있는 직업은 더욱 적었을 거예요. 조선 시대 여인들은 대부분 집안일을 하거나 농사일을 거들었을 뿐 가질 수 있는 직업은 아주 적었거든요.

 하지만 다행히도 홍진과 홍도를 따라다니면서 다양한 직업을 경험하게 된 해치는 자신에게 더 잘 어울리는 새로운 꿈을 찾게 된답니다. 암행어사는 어떤 일을 했는지, 화원인 홍도는 어떤 삶을 살았는지, 해치가 있던 주막의 주모는 어떤 사람인지, 또 그들이 만나게 되는 사람들은 어떤 일을 하는지 함께 알아볼까요? 그리고 조선 시대의 다양한 사람과 직업을 만나면서 여러분이라면 어떤 직업을 갖고 싶었을지 한번 상상해 보세요.

나그네들의 쉼터, 주막

"허허, 이것 참. 멋쟁이로 소문난 내가 이게 무슨 꼴이람."

작은 보따리 하나를 짊어진 선비가 사대문 밖에 서서 툴툴거렸어요. 그러더니 갑자기 갓을 벗어 여기저기 찌그러뜨리고, 도포를 벗어 흙바닥에 북북 문질렀어요.

"자, 이만하면 됐겠지?"

선비는 깔끔하던 차림새를 허름하게 만들고는 휘적휘적 길을 나섰어요. 삼거리에 도착하니 히힝거리는 말들의 울음소리가 들려오는 원이 보였어요. 하지만 출발한 지 한나절도 안 되어 벌써 쉬어 갈 수는 없었지요.

"에구, 원에서 쉬어 가면 좋겠지만 이번에는 통과! 백성들의 삶을 살펴보려면 걷는 게 최고지."

선비는 보따리에 주렁주렁 달린 짚신 꾸러미를 툭 치며 다시 부지런히 걸어갔어요. 객주 앞을 지나는데 화려한 차림새의 객주 주인이 선비를 불렀어요.

"선비님, 차림새를 보아하니 과거 시험에 떨어져 고향으로 가시는 모양이구려. 뭐 급할 것 있다고 그리 서둘러 가십니까? 이곳에서 맛난 음식도 드시고 좀 쉬어 가시지요."

그 말에 선비는 고개를 휙 돌리며 뭐라고 말을 하려는 듯하더니 잠자코 다시 걷기 시작했어요.

"헹, 내 체면이 말이 아니군. 하지만 큰일을 맡았으니 이쯤은 참아야지."

선비는 혼자 구시렁구시렁거렸어요. 오전에 출발해 장터도 지나고 마을도 지나며 부지런히 걷다 보니 날이 어느새 어두워졌어요.

"아까 그 객주에서 좀 쉬어 갈 걸 그랬나? 이러다가 아무 집에나 들러 하룻밤 재워 달라고 부탁하게 생겼네."

선비는 더 어두워지기 전에 서둘러 발걸음을 옮겼어요. 고개 밑에 다다르자 멀리 불빛 하나가 반짝였어요.

가까이 가 보니 싸리 담장 위에 술을 뜻하는 '주(酒)'가 쓰인 등이 달려 있었어요. 그곳은 바로 주막이었지요.

"잘됐군. 오늘은 여기서 쉬어 가면 되겠어."

주막 안으로 들어서니 맛있는 음식 냄새가 풍겨 왔어요. 주막 안 마루에는 벌써 몇몇이 자리 잡고 앉아 있었지요. 마을 사람인 듯한 두 사내는 막걸리를 몇 통이나 비웠는지 얼굴이 발그레했고, 등짐장수는 짐을 풀어 놓고 앉아 국밥을 먹고 있었어요.

"아이고, 어서 오세요."

가마솥을 휘휘 저으며 국밥을 준비하던 주모는 선비를 반갑게 맞았어요.

"오늘 자고 가려는데 자리가 있나?"

"그럼요. 손님들이 모두 한 방에 주무시니 불편하긴 해도 조금씩 자리를 내면 선비님 한 분 못 주무시겠어요? 안 그래요?"

주모가 주변을 둘러보며 말하자 다른 손님들도 고개를 끄덕였어요.

"그럼, 그럼. 걱정 말고 어서 올라오세요."

선비는 싱긋 웃으며 마루에 걸터앉았어요.

"나도 국밥 한 그릇 주시오."

"나도 한 그릇 주게."

갑자기 다른 선비 하나가 들어서며 말을 덧붙였어요. 얼굴이 곱상하게 생긴 그 선비는 주막을 휘휘 둘러보더니 붓과 종이를 꺼내 주막 풍경을 그리기 시작했어요. 쓱쓱 그리는 솜씨가 꽤 훌륭했지요.

잠시 후에 주모는 김이 모락모락 나는 국밥과 반찬을 가져왔어요.

조선 시대 숙박 시설에는 어떤 것이 있었을까?

객주
객주는 장사를 위해 먼 곳까지 여행을 다녀야 했던 상인들이 머물며 쉬던 곳이에요. 또는 그런 일을 하는 사람을 가리키기도 해요. 객주에서는 물건을 맡거나 팔아 주기도 했어요.

여각
여각은 강이나 바다와 맞닿은 포구에서 배로 물건을 실어 오는 상인들을 상대로 하던 큰 객주예요.

주막
주막은 서민들이 이용했던 숙박 시설로 술과 밥을 팔면서 잠도 재워 주는 곳이었지요. 주로 장터나 큰 고개를 넘기 전의 길목, 배가 드나드는 나루터 등에 많이 있었어요. 주막은 주로 술을 뜻하는 '주(酒)'자를 문짝이나 창호지를 바른 등에 써 붙였어요.

원
원은 조선 시대에 지방에 파견되는 관리들이 먹고 잘 수 있도록 만들어진 곳이에요. 이태원, 퇴계원, 조치원, 인덕원 등의 지역은 모두 옛날에 원이 있던 곳으로 이름만 남아 내려온 거예요.

배가 고팠던 선비는 후룩후룩 맛있게 그릇을 비웠어요. 그때 주모가 살며시 두 선비에게 다가왔어요.

"저, 선비님들."

"내 오늘 자네를 처음 보는데 왜 이리 다정하게 부르는가? 허허, 이놈의 인기는."

허름한 차림새의 선비가 농담을 던졌지만, 주모의 표정은 심각했어요.

"사실 저도 꽤 이름난 기생이었답니다. 소리를 곧잘 해서 인기도 있었지요. 제 소리를 들으러 팔도에서 사람들이 몰려들었다니까요."

심각했던 주모는 갑자기 옛 추억이 떠올랐는지 신이 나서 자기 자랑을 늘어놓기 시작했어요. 그 말을 듣고 얼굴을 자세히 보니 젊었을 때는 꽤 고왔을 것 같았어요.

"허허, 이 사람. 먼 길 오느라 피곤한데 갑자기 웬 자기 자랑인가?"

그 말에 주모의 표정이 다시 심각해졌어요.

"아, 참. 제가 하려던 말은 그게 아닙니다. 조금만 더 들어 주세요. 나이가 들어 조용히 지내고 싶어 모아 두었던 돈으로 이 주막을 차린 것입니다. 그런데 여인 혼자 주막을 꾸려 가려니 여간 힘들지 않아요. 이러다간 곧 주막을 닫아야 할지도 모르겠어요."

그 말에 그때까지 그림만 그리던 선비가 얼굴을 들고 물었어요.

"왜, 도대체 무슨 일인가?"

"아, 글쎄. 요새 갑자기 밤마다 도둑이 들지 뭐예요?"

그러자 두 선비도 눈이 둥그레졌어요.

"저런, 자네 패물이라도 훔쳐 갔는가?"

"그럼, 관아에 가서 신고를 해야지."

그러자 주모가 한숨을 푹 쉬었어요.

"그게 이상한 것이 제 방엔 들어오지 않고 손님들의 짐만 뒤지는 거예요. 이러다간 소문이 나서 우리 주막에 손님 다 떨어지게 생겼어요. 그런데 관아에 신고도 할 수 없는 것이 짐은 뒤지는데 없어지는 물건은 없어요. 정말 이상한 일 아닙니까? 아무도 다치거나 해를 입

주막의 여주인, 주모

주막을 운영하는 사람은 대부분 여인들이었어요. 젊은 시절에 기생이었던 사람이 기생을 그만두고 나서 주막을 차리는 경우가 많았지요. 또는 궁녀들 밑에서 일하던 무수리들이 죄를 짓고 쫓겨나 차리거나 양반집의 첩이 차리는 경우도 있었어요. 이런 주막의 여주인을 '주모'라고 불렀어요.

지 않으니 다행이지만 어쩐지 무서워서 말이에요."

그러자 허름한 차림새의 선비가 고개를 갸웃거리며 물었어요.

"그런데 왜 그 이야기를 우리에게 하는 것인가?"

그러자 주모가 목소리를 낮추며 속삭였어요.

"선비님들께 도움을 청했으면 합니다. 그 도둑이 꼭 선비님들 같은 분만 노리거든요. 그러니 오늘도 분명히 선비님들 짐을 뒤지려 할 겁니다. 주무시는 척 하다가 도둑만 잡아 주십시오."

"이런, 주막에 쉬러 왔더니 오늘은 잠도 못 자겠구먼."

그림을 그리던 선비는 제 짐이라도 잃어버릴까 짐을 꼭 껴안으며 툴툴거렸어요.

주막의 풍경

큰 주막은 큰 방들과 말이나 소를 맡아 둘 수 있는 마구간과 창고까지 갖추고 있어요. 하지만 대부분의 작은 주막은 방 몇 개에 술을 마실 수 있는 큰 평상 하나 정도가 전부였어요. 또한 주막에 머무는 사람들은 대부분 방 한 칸에 여러 사람이 함께 잠을 잤어요.

때로는 주모의 시중을 드는 남자 아이를 두기도 했는데, 이런 사람을 '중노미'라고 불렀어요.

"이보시오. 왜 이리 야박하게 구시오? 알겠네. 내 오늘 그 요상한 도둑을 꼭 잡아 주겠네."

허름한 차림새의 선비는 선선히 주모의 부탁을 들어주기로 했어요.

"알겠네, 알겠어. 그럼 나도 돕도록 하지."

그때 장작더미를 진 소년 하나가 주막으로 들어섰어요.

"그런데 저 아이는 누군가?"

"예, 어려서 부모를 잃은 아이입니다. 불쌍해서 제가 중노미로 거뒀지요. 주막의 일을 도와주고 있어요."

말을 마친 주모는 소년을 불렀어요.

"장작을 가져오느라 고생했구나. 저쪽에 내려놓고 이 선비님들께 먼저 술상부터 올리렴."

그리고 주모는 한 상 가득 안주를 차려 왔어요. 삶은 고기에 빈대떡, 마른안주까지 주막에 있는 안주는 몽땅 내온 듯 보였어요.

"잘 부탁드린다는 의미에서 드리는 것이니 마음껏 드세요."

맛있는 안주에 술까지 배불리 먹은 두 선비는 손님들을 위한 방으로 들어갔어요. 등짐장수와 여러 사람들이 이미 방 한쪽에 자리를 잡고 잠들어 있었지요. 허름한 차림새의 선비는 방의 제일 안쪽으로 갔어요. 이미 자리를 잡고 있던 사람을 또르르 굴려 자리를 내고는 머리맡에 짐을 놓고 잠이 들었어요.

"아이고, 이걸 어쩌나 술과 안주를 너무 많이 먹은 모양이네. 약속을 했으니 잠들면 안 되는데…….”

그림을 그리던 선비는 자기 짐을 꼭 껴안은 채 문가에 기대어 앉았어요. 하지만 졸음을 이길 수 없었는지 금세 곯아떨어지고 말았어요. 앉은 채로 드르렁드르렁 코까지 골며 잠이 들었답니다. 안쪽에 누운 허름한 차림새의 선비도 피곤이 밀려왔어요. 하지만 다행히도 다른 사람들이 시끄럽게 코를 고는 덕분에 푹 잠이 들진 않았어요.

‘삐그덕.’

그때 조용히 방문을 여는 소리가 들려왔어요. 살금살금 들어온 도둑은 선비의 머리맡으로 다가왔어요. 그러더니 선비의 짐을 품에 넣고 문밖으로 나서는 것이 아니겠어요?

선비는 도둑을 따라 밖으로 달려갔어요. 그러고는 도둑의 뒷덜미를 잡아챘어요.

“잡았다!”

“앗!”

도둑은 깜짝 놀라 버둥거렸어요. 그런데 그 도둑은 바로 주막에서 일을 돕던 소년이었어요.

“요놈, 이게 무슨 짓이냐?”

그러자 소년은 오히려 당당하게 말했어요.

“도망가지 않을 테니 이것 놓으세요. 전 도둑이 아니에요.”

선비는 소년의 당당한 태도에 잡은 손을 놓았어요.

"그래? 그렇다면 왜 내 짐을 갖고 밖으로 나왔느냐?"

"짐 속에 무엇이 들었는지 구경하려던 것뿐이었어요. 보고는 다시 갖다 놓으려고 했다고요."

"허허, 그놈 잘못을 하고도 오히려 큰소리 치네. 그래, 그럼 도대체 남의 짐을 뒤져 구경하는 이유가 무엇이란 말이냐?"

"오늘은 늦었으니 그만 주무세요. 내일 일어나시면 제가 짐을 뒤진 이유를 말씀드릴게요."

소년은 선비를 바라보며 말했어요.

"그래, 알겠다. 그럼 내일 아침에 얘기하자."

선비가 돌아서 방으로 들어가려 하자 소년이 다시 물었어요.

"제가 도망갈까 걱정되지 않으세요?"

"네가 도망가지 않는다고 했으니 믿어야지. 게다가 없어진 물건도 없지 않으냐?"

선비는 씨익 웃고는 방으로 들어가 쿨쿨 잠이 들었어요.

조상들의 직업 한눈에 보기
조선 시대 여인들의 직업

조선 시대 여인들은 집안일과 농사일을 거드는 것 외에 직업을 갖고 바깥일을 하는 경우는 드물었어요. 특별한 신분이나 사연을 가진 여인들만이 직업을 가졌지요. 조선 시대 여인들의 직업에는 어떤 것이 있었을까요?

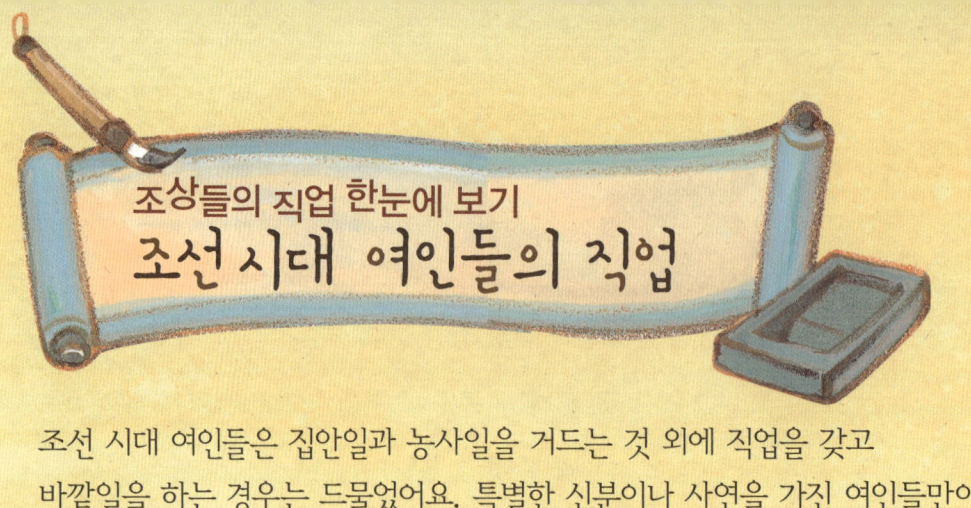

기생
잔치나 술자리에서 노래를 부르거나 춤을 추며 흥을 돋우고 술 시중을 들었어요.

주모
주막을 운영하며 술과 음식을 팔았어요.

다모
관아에 소속된 노비로 차나 술을 대접하는 등 잡일을 맡아 했어요. 남녀를 엄격히 구별했던 조선 시대에 여자 범죄자를 다룰 때 다모가 여자 형사가 되어 조사하고 체포하기도 했어요.

암행어사

암행어사가 되고 싶은 소년

다음 날 아침이 되었어요. 그림을 그리던 선비는 잠에서 깨자마자 짐을 챙겨서 나갈 준비를 했어요.

"어딜 가시오?"

언제 깼는지 허름한 차림새의 선비가 일어나 물었어요.

"아이고, 깜짝이야. 당신도 쿨쿨 자고 있는 걸 보니, 우리 둘 다 도둑을 못 잡은 것 같은데 주모가 알면 뭐라 하겠소? 먹은 술이랑 안주를 도로 내놓으라고 하기 전에 떠나려는 거요."

"그럼, 잘 가시오."

허름한 차림새의 선비는 일어나 아침을 먹고 중노미 소년과 주모를 불렀어요.

"주모, 범인은 이 아이였네."

"뭐라고요? 착하고 성실한 아이라고 생각해서 돌봤더니 이게 무슨 일이냐?"

주모는 놀라서 펄쩍 뛰었어요. 하지만 선비는 주모를 말리며 조용히 소년에게 물었어요.

"주모, 무슨 사연이 있는 듯하니 잠깐 기다려 보게. 그래, 네 이름이 무엇이냐?"

"제 이름은 해치예요."

소년은 똘망똘망하게 대답했어요.

"상상 속에 나오는 신령한 동물의 이름이구나. 정말 멋진 이름이야. 그래, 이제 네가 그런 일을 한 이유를 말해 보거라."

"전 암행어사를 찾고 있었어요."

그 말에 허름한 차림새의 선비는 깜짝 놀랐어요. 자신이 바로 암행어사였기 때문이에요. 그 선비는 임금에게 정치에 대해 바른말을 올리고, 관리들이 나랏일을 잘하고 있는지 감독을 하는 곳인 사간원의 헌납(정오품 벼슬) 이홍진이었어요. 어느 날 궁궐에서 일을 하던 홍진은 임금의 명령을 받아 그날로 암행 길에 오른 거예요. 암행어사는 다른 사람들 몰래 일을 해야 하므로 집에 들르지도 못하고 허름한 차림새로 위장한 채 바로 출발한 거예요.

'내 정체가 들켰나? 그럴 리가 없어. 저 아이가 내가 암행어사란 걸

어떻게 알겠어?'

홍진은 깜짝 놀랐지만 태연한 척하며 물었어요.

"대체 암행어사를 왜 찾는단 말이냐?"

"제 꿈이 암행어사거든요."

홍진과 주모는 해치의 말에 황당해서 서로를 바라보았어요.

"너 암행어사가 뭔지는 알고 그러느냐?"

"그럼요. 주막에 있다 보니 손님들께 세상 얘기를 많이 들었는데, 암행어사가 가장 멋진 사람 같아요. 못된 관리를 혼내 주고, 백성들이 잘 살 수 있도록 도와주잖아요."

생각만 해도 신이 나는 듯 해치는 눈을 반짝였어요.

허름한 옷으로 변장한 암행어사

임금은 거의 궁궐 안에 있기 때문에 관리들이 제대로 일을 하고 있는지, 백성들이 잘 살고 있는지 직접 살피기가 어려웠어요. 그래서 각 지역으로 관리를 몰래 파견해 임금을 대신해 살피고 보고하도록 했어요. 이런 역할을 맡은 사람이 바로 암행어사예요.

"제가 지금은 형편이 어려워 주막에서 일을 돕고 있지만 언제까지 이렇게 살 수는 없잖아요. 저는 멋진 제 이름만큼 훌륭한 사람이 되고 싶어요. 그래서 틈틈이 글공부도 하고 있어요. 암행어사를 만나면 묻고 싶고, 배우고 싶은 게 많아요. 꼭 저를 제자로 삼아 달라고 할 거예요. 그런데 암행어사는 사람들 몰래 움직이니 만날 수가 없잖아요. 그래서 허름한 차림새를 하고 길을 떠나는 선비님들을 보면 몰래 짐을 뒤져 암행어사인지 아닌지 확인해 본 거예요. 언젠가 한번쯤은 이곳을 지나지 않을까 하고요."

홍진은 어려운 상황에서도 큰 꿈을 가진 소년이 기특했어요. 하지만 주모는 한숨을 쉬며 말했어요.

"해치야, 네 꿈은 멋지지만 암행어사는 아무나 될 수 없어. 관리가 되어 임금님의 명을 받아야만 될 수 있다고. 그런데 과거 시험을 봐서 관리가 될 수 있는 신분은 양반뿐이란다."

그 말에 해치의 고개가 툭 떨어졌어요. 홍진은 해치가 안타까웠어요. 그래서 그 꿈을 꼭 이루어 주고 싶었지요.

'그래, 똘똘한 아이니까 나한테도 도움이 될 거야. 어차피 심부름할 낮은 관리나 말을 잡고 갈 하인 정도는 데리고 가도 되니, 이 아일 데리고 가면 되겠어.'

홍진은 해치를 밖으로 내보낸 뒤, 주모와 조용히 이야기를 나누었어요.

해가 쨍쨍 내리쬐는 한낮, 홍진은 해치와 함께 길을 걷고 있었어요.

"세상 구경을 시켜 주신다고 해서 따라나서긴 했는데, 선비님께 배울 게 있을까요?"

"그게 무슨 소리냐? 내 차림새가 이렇다고 날 우습게 보는 거냐?"

홍진이 어린아이처럼 툴툴거리자 해치가 얼른 고개를 절레절레 흔들었어요.

"그런 것은 아니지만……. 선비님은 과거 시험에도 떨어지셨다면서요."

그러자 갑자기 홍진이 해치의 귀를 잡아당기며 귓속말을 했어요.

"네가 몰라서 그렇지 내가 바로 암행어사다."

그러자 해치가 코웃음을 쳤어요.

"헤헤, 선비님이 암행어사면 전 정승이겠네요. 주모한테도 과거 시험에 떨어진 선비라고 하셨잖아요."

그러자 홍진은 얼굴까지 빨개지며 소리쳤어요.

"진짜라니까!"

그러고는 다시 목소리를 낮춰 말했어요.

"암행어사라고 동네방네 소문을 낼 수는 없지 않겠니? 더욱이 온갖 사람들이 드나드는 주막에서 그런 일을 떠들었다간 팔도에 소문이 다 날걸? 하지만 앞으로는 네가 내 일을 도와야 하니 너한테만 밝히는 거란 말이다."

홍진은 풀숲으로 소년을 휙 끌고 들어가더니 봉서, 사목, 마패, 유척 등이 들어 있는 봇짐을 풀어 보여 주었어요.

암행어사의 봇짐 속을 들여다 본 해치의 눈이 휘둥그레졌어요.

"앗, 진짜네요. 그럼 선비님이 암……!"

그때 홍진이 해치의 입을 막았어요.

"글쎄, 아무도 모르도록 조심해야 한다니까."

그러자 해치가 고개를 끄덕였어요. 그러더니 해치는 갑자기 무릎을 꿇고 절을 올렸어요.

"아저씨, 암행, 아니 선비님. 절 제자로 받아 주세요."

암행어사의 봇짐 속엔 무엇이 들었을까?

마패
나라의 일로 여행을 하는 관리들이 역에서 말과 역졸을 사용할 수 있다는 증표예요. 마패에 그려진 말의 수만큼 역에서 말을 받아 쓸 수 있었지요. 암행어사는 주로 말이 2~3마리 그려진 마패를 받았어요.

유척
놋쇠로 만든 표준 자예요. 암행어사는 이 자로 지방 관아에서 벌을 내릴 때 쓰는 도구들이 정확하게 만들어졌는지 확인했어요.

봉서
왕이 직접 쓴 암행어사의 임명장이에요. 봉투 겉에 써 있는 곳에 도착해서야 임무를 확인하고 맡은 지역으로 향했답니다.

사목
암행어사를 위한 지침서예요. 암행어사가 임무를 수행할 때 어떤 방법과 절차를 거쳐서 해야 하는지 적혀 있어요.

짚신과 간단한 음식
먼 길을 다녀야 했으므로 여러 켤레의 짚신과 곡식, 말린 생선 등 간단한 음식도 가지고 다녔어요.

홍진은 해치를 일으켜 주었어요.

"아니, 뭐 이럴 것 까진 없어. 앞으로 나를 잘 도와주면 된단다."

그때였어요. 나무 뒤에서 부스럭거리는 소리가 들렸어요. 홍진은 잠시 귀를 기울이더니 해치에게 살며시 속삭였어요. 해치는 눈을 끔쩍이더니 갑자기 큰 소리로 외쳤어요.

"그럼, 전 잠시 볼일을 보고 올게요. 선비님은 여기서 기다리세요."

잠시 후 풀숲으로 사라진 해치가 소리쳤어요.

"여기예요!"

홍진은 나무막대를 주워 들고 그곳으로 다가가 숨어 있던 남자의 머리를 딱 내리쳤어요.

"이놈, 넌 누구냐? 왜 여기서 우리를 훔쳐보는 거냐?"

그러자 숨어 있던 남자가 머리를 감싸며 주저앉았어요.

"아야, 이 사람이 사람 잡겠구만. 이보시오 날 모르겠소? 주막에서 만났지 않소?"

홍진과 해치가 잡은 사람은 바로 주막에서 그림을 그리다가 아침 일찍 도망친 선비였어요.

"이 사람 계속 내 뒤를 따라오는 게 수상하구만. 혹시 못된 수령들이 보낸 방해꾼일지도 몰라."

그러자 해치가 소매를 걷어 올리며 말했어요.

"그럼, 꽁꽁 묶어 나무에 매달아 놓을까요?"

"그게 아니오. 내 말을 좀 들어 보시오."

알고 보니 그림을 그리던 선비는 도화서의 화원 최홍도였어요.

"아시겠지만 임금님께서 백성들의 삶을 살피기 위해 여러 가지로 애쓰시고 있지 않습니까? 그래서 저에게 백성들의 삶과 세상의 모습을 그림으로 담아 오라 명하셨습니다. 나리가 어떤 분인지 궁금하여 그저 따라와 본 것뿐입니다. 그런데 나리께서 바로 암……!"

그러자 다시 홍진이 홍도의 입을 막았어요.

"허허, 이거 큰일 났군. 자네가 내 정체를 알았으니 나와 함께 가야겠네. 자네가 다른 곳에 가서 말하고 다니면 큰일 나지 않겠나?"

그러자 홍도가 씩 웃으며 말했어요.

"제가 그렇게 함부로 말을 하고 다니는 사람은 아니지만, 저도 나리와 함께 가고 싶습니다. 나중에 출두하실 때 장면을 그림으로 그려 보고 싶거든요."

그러자 해치도 신이 나서 떠들었어요.

"암행어사, 출두야!"

홍진은 어쩐지 앞날이 걱되었어요. 암행어사로서 중요한 임무를 맡았는데 함께 갈 사람이 통 도움이 될 것 같지 않은 화원과 소년 한 명이라니 말이에요.

"그나저나 자넨 몇 살인가?"

암행어사 출두는 어떻게 할까?

고을을 몰래 살피던 암행어사가 관가로 가서 신분을 드러내는 것을 '출두' 또는 '출도'라고 해요. 옛날이야기 속에서는 주로 못된 관리들을 벌하기 위해 출두를 했답니다.

암행어사가 출두를 할 때는 역에서 일하는 역졸들이 관아의 문을 두드리며 '암행어사 출두'라고 외쳤어요.

역졸들은 암행어사의 명령을 받아 죄인이 있을 때는 체포하고, 증거가 될 문서들을 찾아 내고, 관아 창고의 문을 봉했어요.

암행어사는 수령들을 벌주기 위해서만이 아니라 수령과 만나 고을 일에 대한 이야기를 나누고 조사하기 위해서, 또는 어려운 백성을 돕기 위해서 출두를 하는 경우도 있었어요.

"전 스물 세 살입니다."

그러자 홍진이 툴툴거리며 말했어요.

"난 복잡한 건 딱 질색이네. 자네도 선비 차림새로 꾸몄으니 그냥 자네가 내 동생하게. 나이도 한 살 차이에 이름도 홍진, 홍도니 어울리지 않나?"

그러자 해치가 웃으며 말했어요.

"그러게요. 정말 잘 어울려요."

조상들의 직업 한눈에 보기
조선 시대 양반들의 직업

조선 시대 양반들은 과거 시험에 합격하여 높은 관리가 되는 것을 최고의 목표로 여겼어요.
조선 시대 양반들이 되고 싶어 했던 높은 관직에는 어떤 것이 있었을까요?

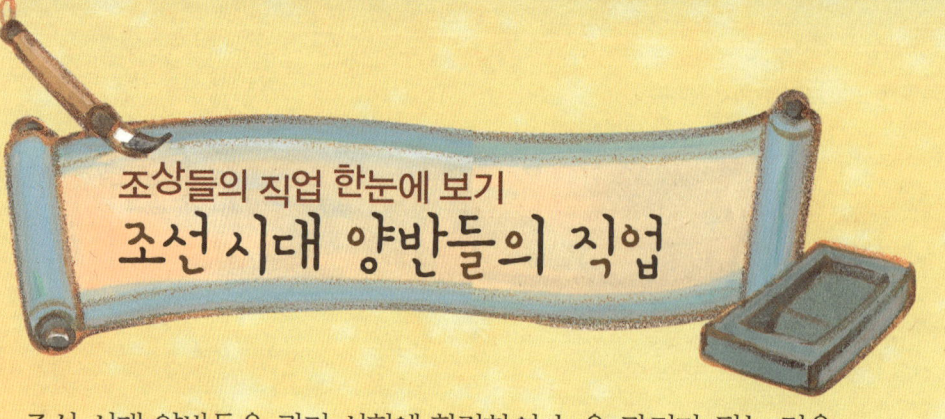

판서
6조인 이조, 호조, 예조, 병조, 형조, 공조를 각각 맡아 다스리던 최고 관리를 판서라고 했어요. 이조판서, 호조판서, 예조판서 등으로 불렸지요. 오늘날 정부 각 부서의 장관과 같은 역할을 했어요.

영의정
조선 시대 최고의 행정 기관이었던 의정부의 최고 관리예요. 모든 관리들과 업무를 통솔하는 역할로 오늘날의 국무총리와 같아요.

판윤
서울을 담당하던 관청인 한성부를 다스리던 최고 관리로 오늘날의 서울 시장이라고 할 수 있어요.

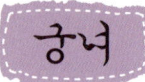

궁궐의 꽃,
여인들의 꿈

홍진과 홍도, 해치는 고개를 넘어 한나절을 걷다가 장터에 도착했어요. 오후가 되자 배도 슬슬 고파졌지요.

"나리, 그런데 우린 어디로 가나요?"

해치의 물음에 홍진이 대답했어요.

"내가 맡은 지역이 충청도 지역이니 그리로 가야지. 배가 고프니 일단 이 장터에서 간단히 배를 채우고 가자꾸나."

그 말에 해치는 기분이 좋아 깡충깡충 뛰었어요. 장터 구경도 하고, 배도 채울 생각을 하니 신이 났던 것이지요. 세 사람은 잠시 후 국수집 앞에 도착했어요.

"오늘은 국수가 어떠냐?"

홍도가 해치에게 물었지만 대답이 없었어요.

"형님, 이 녀석 어디로 사라졌어요. 장터 구경에 정신이 팔려 뒤쳐졌나 봐요."

놀란 홍도와 홍진은 해치를 찾아 나섰어요. 다행히도 해치는 인절미를 파는 떡집 앞에 있었어요. 그런데 웬 여자아이 하나가 울고 있고, 해치가 어쩔 줄 몰라 하는 게 아니겠어요? 홍도와 홍진은 급히 달려갔어요.

"요놈아, 무슨 사고라도 친 거냐? 왜 여자아이를 울리고 그러느냐?"

홍진어 해치의 머리에 알밤을 주자 해치는 머리를 쓰다듬으며 억울해 했어요.

"그게 아니라, 어린아이가 혼자 울고 있기에 달래 주고 있었어요. 길이라도 잃은 것이면 어떻게 해요."

홍도는 그 아이의 옷차림을 보고 궁궐에서 일하는 견습 나인이라는 것을 알았어요.

"차림새를 보니 견습 나인이 아니냐? 도대체 궁녀가 왜 장터에 나와 울고 있느냐?"

"궁녀라고요?"

해치는 궁녀를 처음 보는지 울고 있는 견습 나인을 빤히 처다보았어요.

"저는 궁궐 소주방의 견습 나인이에요."

아직 열 살도 되어 보이지 않는 어린 궁녀는 눈가에 눈물이 그렁그렁한 채 대답했어요. 세 사람은 어린 궁녀를 달래어 함께 국수집으로 갔어요.

"걱정해 주셔서 감사해요. 그냥 궁 밖에 계신 상궁마마님이 생각나서 눈물이 났어요. 인절미를 몹시 좋아하셨거든요. 그래서 제가 챙겨다 드리곤 했는데, 지금은 궁 밖에 계셔서 만나 뵐 수도 없고 걱정이 돼요."

그러자 해치가 의아해 하며 물었어요.

"그럼, 찾아가서 만나 뵈면 되잖아. 인절미도 가져다 드리고. 지금 어디에 계시니? 우린 충청도로 가는 길이니까 같은 방향이면 함께 가자."

그러자 홍진이 해치의 어깨를 잡으며 말했어요.

"궁녀들은 그렇게 함부로 먼 곳에 돌아다닐 수 없어. 평생을 궁궐에서 일하며 살아가지. 특별한 일이 아니면 함부로 궁궐을 떠나 돌아다닐 수 없단다. 상궁마마님이 궁 밖에 계신다니, 아마 어디가 아프신 모양이구나."

그러자 소녀는 자신의 사연을 털어놓았어요. 견습 나인의 이름은 봉이였어요. 해치와 마찬가지로 어려서 부모를 잃었지요. 혼자 살기 어려웠던 어린 소녀는 궁녀가 되기로 결심하고 궁궐에 들어갔던 거예요.

"상궁마마님이 절 마치 딸처럼 잘 보살펴 주셨어요. 저도 어머니 생각이 나서 몹시 따랐는데, 연세가 많아지셔서 병이 나고 말았지요. **궁녀는 병이 나면 궁궐에 있을 수 없잖아요. 그래서 궁을 나와 고향으로 가셨어요.** 고향에는 이제 가족들도 없다고 하셨는데, 혼자서 식사는 잘 하시는지 병환은 어떠신지 걱정이에요. 오늘은 다른 상궁마마님 심부름으로 장에 나왔는데, 인절미를 보니까 더 생각

왕의 여인이자 궁궐의 하녀, 궁녀

궁녀는 궁궐에 살면서 음식이며, 빨래, 바느질 등과 같은 살림을 하고 왕과 그 가족을 모시는 여인이에요. 평생 궁궐에서 혼자 살다가 병이 나거나 늙어서 일을 할 수 없게 될 때만 궁 밖으로 나와 살 수 있었어요.

보통 4세에서 16세 사이의 여자 아이들을 뽑아 궁궐에 살게 하면서 교육을 시켰어요. 이런 여자아이들을 '견습 나인'이라고 했어요. 견습 나인들은 상궁들 밑에서 15년 정도 일을 배웠어요.

궁녀는 궁궐에서 일을 하는 하녀이면서 동시에 왕의 여인으로 생각했어요. 그래서 가끔 왕의 눈에 들어 사랑을 받으면 후궁이 될 수도 있었답니다.

정식 나인이 되어 맡은 일을 하며 15년이 지나면 상궁이 되었어요.

이 났어요."

해치는 자기 동생뻘인 어린 소녀가 너무 불쌍했어요. 또 어린 시절부터 궁궐에 들어가 평생을 궁궐에서 살아야만 하는 궁녀들의 삶이 안타깝게 여겨졌어요.

"걱정하지 마. 우리가 들러서 마마님이 잘 계신지 뵙고, 네 소식도

📖 궁녀들은 어떤 부서에서 일을 했을까?

세답방
옷을 빨고, 다리고, 염색하는 등의 일을 담당하는 곳이에요.

세수간
세숫물과 목욕물을 담당한 곳이에요. 왕과 왕비가 머무는 곳을 청소하고, 이동용 변기나 침 뱉는 그릇 등을 관리하는 것도 이곳에서 했어요.

복이처
세답방에 속해 있지만 역할이 조금 달라요. 궁궐의 아궁이를 담당하는 곳으로 침실에 불을 때고, 내전에 등불을 밝히는 등의 일을 했어요.

수방
침방에서 만든 옷에 수를 놓고 장식하는 일을 담당하는 곳이에요.

침방
왕과 왕비의 옷은 물론 궁궐에서 일하는 사람들이 입는 모든 옷을 만드는 곳이에요.

전해 줄게. 이 나리께서는 나중에 궁궐로 들어가실 거니까 너에게 마마님 소식을 전해 주실 거야."

그러자 홍도가 툴툴거렸어요.

"이놈아, 우리가 얼마나 바쁜데 네 마음대로 그런 약속을 하는 거냐? 우린 놀러 다니는 게 아니란 말이다."

퇴선간
지밀에 속한 곳이에요. 밥을 짓고 수라간에서 올라온 반찬을 데워서 올리던 곳이지요. 상이 나오면 설거지도 이곳에서 담당했어요.

생과방
식혜, 다식, 떡과 같은 음료수나 다과를 준비하는 곳이에요.

지밀
왕과 왕비의 바로 곁에서 시중을 드는 역할을 했어요. 잠자리를 돌보는 비밀스러운 일에서부터 궁궐 내의 혼례나 제사와 같은 잔치를 준비하고, 왕과 왕비를 호위했어요.

소주방
음식을 담당하던 곳이에요. '수라간' 이라고 불리던 안소주방에서는 왕과 그 가족이 평소 식사 때 먹는 반찬을 만들고 밖소주방에서는 잔치나 제사에 올릴 음식을 만들었어요.

그러자 해치가 소리쳤어요.

"어차피 가는 길이잖아요! 게다가 평생을 궁궐에서 일하시다 병이 들어 혼자 고향에 계실 마마님을 생각해 보세요."

"그래, 네 말대로 가는 길이니 들러 보자꾸나. 어린 항아님, 그러니까 이제 그만 우셔요."

홍진은 어린 궁녀 봉이를 향해 웃어 보였어요. 그러자 홍도는 어느 세월에 임무를 마치려고 그러느냐며 옆에서 또 툴툴거렸지요. 하지만 말과는 달리 봇짐 속에서 주섬주섬 붓과 먹을 꺼내어 봉이에게 내밀었어요.

"자, 네가 걱정하고 보고 싶어 하는 마음을 편지로 써 보는 게 어떻겠니? 그럼, 오지랖 넓은 우리 해치가 마마님께 전해 드릴 거다."

봉이는 미소를 지으며 침착하게 편지를 써 내려가기 시작했어요.

어린 나이와는 다르게 차분히 편지를 써 내려가는 봉이를 해치는 넋을 잃고 바라보았어요.

"너도 남자라고 예쁜 여자는 알아보는 거냐? 꿈 깨라. 궁녀는 왕의 여인이니 함부로 대할 수 없는 신분이란다."

그러자 해치는 귀까지 빨개지며 대꾸했어요.

"제가 뭘 어쨌다고 그러세요? 그냥 동생 같고, 귀엽고…… 뭐, 그러니까, 글씨도 잘 쓰니까 본 거예요."

그러고 보니 봉이는 제법 단정하게 글씨를 잘 써 내려갔어요. 그런

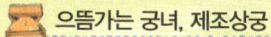
으뜸가는 궁녀, 제조상궁

궁녀들이 오를 수 있는 최고의 지위는 상궁으로, 상궁들 사이에도 서열이 뚜렷했어요. 상궁들 중에 지위가 가장 높은 상궁은 바로 제조상궁이에요. 제조상궁 밑으로 차례로 부제조상궁, 지밀상궁, 감찰상궁, 보모상궁, 시녀상궁, 그리고 일반 상궁들이 있었어요.

보모상궁
왕자와 공주 등 왕의 자손들의 보모 역할을 하는 상궁이에요.

시녀상궁
서적이나 문서, 하사품 등을 전달하는 등 왕과 왕비의 심부름을 하던 상궁이에요.

일반 상궁
왕이 있는 대전, 세자가 있는 동궁전 등 각 처소에 배치되어 나인들을 지휘하여 일을 처리하는 상궁이에요.

제조상궁
왕의 명령을 받들고 왕비가 머무는 내전의 살림을 도맡아 했기 때문에 조정의 높은 관리들조차 함부로 대할 수 없었어요.

부제조상궁
왕의 보물과 재산이 있는 내전의 창고 관리를 했어요.

지밀상궁
왕의 바로 곁에서 명령을 받드는 상궁이에요.

감찰상궁
궁녀들의 행동을 감독하고 살피며 평가하는 상궁이에요.

데 글씨가 양반들이 쓰는 한자와는 다르게 생겼어요.

"헤, 그런데 글자가 좀 다르네."

"이건 한글이에요. 궁녀들은 훈민정음을 익혀서 한글을 써요. 저, 글씨 꽤 잘 쓰는 편이에요."

봉이는 자랑을 해 놓고는 부끄러웠는지 헤헤 하고 웃었어요. 홍진은 그런 봉이의 모습이 귀여웠는지 칭찬해 주었어요.

"그래, 궁체를 아주 잘 배웠구나. 훌륭해."

편지를 받아든 세 사람은 봉이와 작별 인사를 나누었어요. 홍진은 봉이를 보며 말했어요.

"내가 궁에 가면 꼭 너를 찾아 상궁마마 소식을 전해 주마."

해치는 봉이랑 헤어지는 게 아쉬운 듯 몇 번이나 돌아보며 손을 흔들었어요.

"꼭 마마님께 들러서 소식 전해 드릴게. 돌아오면 꼭 다시 만나자."

봉이도 세 사람이 보이지 않을 때까지 손을 흔들어 주었어요.

그렇게 봉이와 헤어진 세 사람은 역참으로 가서 말을 타고 빠르게 달렸어요. 물론 홍진의 마패가 힘을 발휘했지요. 해치가 어찌나 서두르는지 홍진과 홍도도 그동안과 다르게 서둘렀던 거예요.

"계세요?"

"여기가 윤 상궁 댁입니까?"

봉이가 말해 준 고을에 들러 윤 상궁을 찾으니 사람들이 집을 일러 주었어요.

"누구십니까?"

안에서 부드러운 할머니의 목소리가 들렸어요. 바로 봉이가 그리워하던 윤 상궁이었지요. 집 안으로 들어간 세 사람은 인사를 하고 봉이의 안부와 편지를 전했어요.

"평생을 궁궐에서 살다가 늙고 병들어 이렇게 나와 있으니 조금 쓸

쓸했는데, 봉이 소식을 들으니 정말 기쁩니다. 모든 궁녀들이 그렇듯이 저도 한때는 높은 벼슬아치조차 함부로 대하지 못하는 제조상궁이 되어 보겠다는 꿈도 꾸었지요. 아니면 지밀상궁이 되어 임금님을 바로 곁에서 모시고 싶기도 했고요. 하지만 평범한 상궁으로 나인들을 돌보다가 이렇게 늙어 궁을 나오게 되었습니다. 궁녀가 되면 월급을 받으니 가난한 삶에서 벗어날 수도 있고, 궁궐의 살림을 돌보고 임금과 그 가족들을 모신다는 자부심도 생긴답니다. 하지만 일생을 궁궐에서 살아가는 것이 쉬운 일만은 아니에요. 전 저처럼 어린 나이에 궁에 들어와 힘들게 일하고 배우면서 가족을 그리워하는 어린 견습 나인들이 제 자식처럼 여겨졌어요. 운이 좋아 임금의 사랑을 받기 전에는 가정을 이루거나 아이를 낳아 키울 수 없는 외로운 사람들이 궁녀니까요. 저도 봉이가 많이 보고 싶습니다."

　윤 상궁은 조용한 목소리로 세 사람에게 자신과 봉이, 그리고 궁녀들의 이야기를 들려주었어요. 해치는 고운 할머니처럼 보이는 윤 상궁이 한때는 봉이 같은 견습 나인이었다는 것이 상상이 되지 않았어요.

궁궐의 꽃, 여인들의 꿈 43

조상들의 직업 한눈에 보기
조선 시대 왕을 모시던 직업

궁궐은 왕과 그 가족들이 살고 있는 곳이에요.
이러한 궁궐의 살림을 하고, 그들을 모시는 데 필요한
직업에는 어떤 것이 있었을까요?

궁녀
음식, 청소, 바느질, 빨래 등 여러 가지 궁궐의
살림을 담당하며, 일정한 지위와 월급을 받던
여자 관리예요.

사람의 몸과 마음을 치료하다

　　　　　　잠시 조용하던 해치가 금세 장난기를 되찾았어요.
"궁궐의 상궁마마라 하셔서 왠지 무서울 줄 알았는데, 참 곱고 목소리도 부드러우세요."

애교 섞인 해치의 말에 윤 상궁은 인자하게 웃었어요. 하지만 병 때문인지 얼굴빛이 좋지 않았어요.

"그런데 몸은 어떠십니까? 어디가 아프신가요?"

홍진이 걱정스럽게 물었어요.

"나이가 들어서 여기저기 아픈 것 같습니다."

"의원을 모셔올까요? 봉이가 걱정이 많던데요."

평소에는 무뚝뚝하던 홍도도 나서서 물었어요. 하지만 윤 상궁은

조선 시대에 의원이 되려면?

공식적인 의원 자격을 얻으려면 전의감에서 실시하는 의과 시험에 합격해야 했어요. 의과 시험에 합격하면 정식 의관이 되어 내의원에서 일할 수 있었어요. 하지만 조선 시대에는 이런 기술직들을 천하게 여겨 높은 대우를 받지는 못했답니다.

조선 시대에 의원이 되려면 우선 의술이 뛰어난 의원 밑으로 들어가 잔심부름을 하며 의술을 배워야 했어요. 어느 정도 실력이 쌓이면 개인적으로 의원을 열 수 있었어요.

손을 저었어요.

"아닙니다. 나이가 들어서 그런 걸, 무엇하러 번거롭게 합니까? 이제 할 일도 없으니, 전 언제 떠나더라도 괜찮습니다."

그러자 해치가 품속에서 꾸러미를 꺼내며 갑자기 화를 냈어요.

"안 돼요. 그렇게 약한 말씀하시면 어떻게 해요? 보세요. 제가 봉이가 싸 준 인절미도 가지고 왔어요. 이것도 드시고, 약도 드시고 빨리 나으셔야지요. 봉이랑 약속했어요. 한양에 돌아가면 마마님 소식 전해 드리겠다고요. 봉이가 좋은 소식을 기다릴 텐데, 이렇게 많이 아프시면 안 된다고요."

눈물까지 그렁해진 해치를 보고 윤 상궁은 머리를 쓰다듬어 주었어요.

"미안하구나. 그래, 봉이나 여기까지 찾아와 준 널 위해서라도 기운을 좀 내야겠구나. 그럼 나리들께 부탁 좀 드리겠습니다."

홍도는 옆에서 윤 상궁을 보살펴 드리기로 했어요. 그리고 홍진과 해치는 사람들에게 물어 최고의 의원을 찾아갔어요.

"자, 여기구나. 내의원에서 일하시던 분이 퇴직하고 나와 의원

조선 시대 의원의 치료법

침
가는 바늘처럼 생긴 침을 몸에 꽂아 병을 치료했어요. 몸속에 기운이 흐르는 통로에 침을 꽂아 자극을 주는 방법이에요.

약
자연에서 나는 식물과 곤충들을 연구해 어떤 병에 도움이 되는지 알아내어 약으로 사용했어요. 재료들과 물을 약탕기에 넣고 달이면 한약이 되었지요.

뜸
몸속에 따뜻한 기운을 불어 넣어 병을 치료하는 방법이에요. 약쑥을 뭉쳐 모양을 만들고 살갗 위에 놓아요. 쑥에 불을 붙이면 따뜻한 기운이 몸속에 전달되지요.

부항
몸속에 굳은 피를 빼 주는 치료 방법이에요. 부항단지에 불을 넣어 공기를 뺀 후 몸에 붙여요. 그러면 몸속에 굳어 있던 피가 풀어지면서 단지를 붙여 놓은 쪽의 살갗으로 빠져나와요.

을 차리셨다니 분명 실력 있는 분일 거야."

하지만 안으로 들어선 홍진과 해치는 의원에게 사정을 얘기하기도 전에 일부터 해야 했어요.

"어디가 아프십니까? 아니면 집에 급한 환자가 있습니까?"

두 사람이 들어서자 의원이 물었어요.

"아니오. 저희가 아픈 건 아닙니다."

"급한 환자는 아니지만 집에 환자가 있어서요."

두 사람이 대답하자 의원은 다짜고짜 두 사람을 잡아끌었어요.

"그럼, 마침 잘 됐습니다. 환자들이 많아서 그러니 조금만 도와주십시오."

그러고 보니 안에는 꽤 많은 환자들이 있었어요. 의원을 돕는 조수도 한 명 있었지만 의원도 조수도 정신이 없어 보였어요.

"저는 이 환자에게 침을 놓아야 하니, 너는 뜸을 뜨고 있는 환자의 등에서 쑥을 좀 내려 주렴. 그리고 나리 진짜 죄송하지만 부채를 들고 이 약탕기 좀 잘 지켜봐 주십시오. 지난번엔 바빠서 다 태웠지 뭡니까? 제 조수는 부항을 뜨느라 바빠서요."

나이가 지긋해 보이는 의원은 말도 행동도 재빨랐어요.

바쁜 일이 끝나고 한숨 돌리고 나자 그제야 의원은 두 사람을 자리에 앉혔어요. 그러고는 전혀 다른 사람처럼 점잖게 물었지요.

"죄송합니다. 아까는 갑자기 일이 많아서요. 그래 무슨 일로 오셨습니까?"

두 사람은 의원에게 윤 상궁의 사정을 이야기했어요.

"환자가 있다면 당연히 제가 찾아가야지요. 그런데 이를 어쩝니까? 오후에는 제가 약재 때문에 나루터에 다녀와야 합니다. 또 아직 치료할 환자들도 남았고요."

"그럼, 이러면 어떨까요? 나리께서 의원님 대신 나루터에 다녀오시는 거예요. 전 여기서 의원님의 일을 도울게요. 제가 도와서 일이 빨리 끝나면 저랑 함께 상궁마마 댁에 가 주세요."

의원은 고개를 끄덕였어요.

"그럼, 나리께 부탁을 드리지요. 돌림병을 예방하기 위해 필요한 약재가 있는데 제가 가지고 있는 것으로는 부족할 것 같습니다. 제가 내의원에 있던 시절에 아는 이가 혜민서에서 일을 하고 있어 부탁을 했습니다. 약재를 가지고 나루터로 오기로 했으니 이쪽으로 데리고 오면 됩니다."

의원의 말을 들은 홍진은 말을 타고 바람처럼 나루터로 달려갔어요. 해치는 안에 있는 온갖 도구와 약재에 정신이 팔려 기웃기웃 구경하느라 정신이 없었지요. 그러다가 의원을 휙 돌아보며 물었어요.

"그런데 혜민서는 뭐하는 곳이에요?"

"백성들을 위해 나라에서 세운 병원이란다. 병이나 약에 대

조선 시대에 나라에서 세운 의료기관

내의원
왕실의 치료와 약을 담당했어요.

전의감
궁궐 밖에서 궁궐에서 쓸 약의 재료를 공급하고, 의학을 교육하고, 의학 시험을 담당했어요.

혜민서
일반 백성들을 위해 나라에서 세운 병원으로 병을 치료하고 의학 연구를 했어요.

활인서
가난해서 치료를 받지 못하는 환자들을 무료로 치료해주고 보살펴 주던 곳이에요.

한 연구도 하고, 치료도 하는 곳이지."

"우아, 좋은 곳이네요. 그럼 의원님이 일하셨다는 내의원은요?"

해치가 계속해서 질문을 쏟아 내자 의원은 해치에게 일감을 주며 등을 떠밀었어요.

"고놈 참, 궁금한 것 많아 먹고 싶은 것도 많겠구나. 있다가 다 대답해 줄 테니 지금은 일부터 좀 도와야 하지 않겠니? 일이 빨리 끝나야 윤 상궁 댁에 가지."

그 말에 해치도 의원님처럼 재빨리 움직이기 시작했어요. 해치보다 다섯 살은 많아 보이는 조수가 친절하게 할 일을 알려 주었어요. 해치는 사용한 부항단지나 침을 깨끗이 닦았어요. 조수가 썰어 놓은 약재도 종류별로 잘 담아 놓았지요. 또 환자들의 땀도 닦아 주고, 물도 떠다 주었어요.

바쁘게 일을 돕다 보니 한나절이 금세 지나갔어요. 잠시 쉬면서 삶은 감자로 배를 채우는데 그새 홍진이 의원이 부탁한 약재들을 들고 들어왔어요. 그리고 그 뒤를 따라 독특한 차림새를 한 예쁜 여인이 들어왔어요.

"우아, 누난 누구예요?"

그러자 홍진은 서운해 하며 해치를 째려보았어요.

"이 녀석아, 고생한 나에겐 인사도 없고, 이 여인만 보이느냐? 아직 나이도 어린 녀석이 왜 이렇게 여자를 좋아하느냐?"

"그야, 예쁜 누나니까요. 헤헤. 참, 식사는 하셨어요? 감자 드세요."

"어이구, 빨리도 묻는다. 너 일은 안 하고 먹기만 한 건 아니겠지?"

해치가 뾰로통해서 대답하려는데 의원이 나와 두 사람을 반갑게 맞았어요.

"고생 많으셨습니다. 그리고 자네도 여기까지 와 줘서 고맙네."

의원님과 인사를 나눈 여인은 여자 환자들을 살피기 시작했어요. 해치는 그 여인이 이상했던지 뒤를 졸졸 쫓아다녔어요.

"누나, 누나는 왜 옷차림이 달라요?"

"응, 난 의녀야. 부인들의 병을 치료하는 여자 의원이지. 부

조선 시대의 여자 의원, 의녀

의녀는 남녀의 구별이 엄격했던 조선 시대에 여자들을 치료했던 여자 의원이에요. 관청에서 일하는 여자 노비들 중에 13세 이하의 아이들을 뽑아 의술을 교육했어요. 그중에 실력이 뛰어난 의녀는 내의원에서 일했고, 나머지 의녀들은 각 지방의 의원에서 일했어요. 의녀들도 기본적인 의술을 모두 갖추었지만, 남자 의원들만큼 대접을 받지는 못했어요.

인들은 남자 의원에게 몸을 보이기를 싫어하니까."

그러자 해치의 눈이 또 반짝였어요.

"의녀 누나, 그럼 윤 상궁마마님 댁에 함께 가 주세요. 예?"

그 모습을 본 의원도 의녀에게 부탁했어요.

"그래, 이왕 온 김에 함께 가 주게. 상궁마마이니 남자 의원인 내가 혼자 가는 것보다 낫지 않겠나?"

의원 일을 마무리하고 네 사람은 윤 상궁 집으로 향했어요. 해치는 윤 상궁을 치료할 수 있다는 기쁨 때문인지, 예쁜 의녀 누나 때문인지 얼굴에 함박웃음을 띠고 발걸음을 바삐 옮겼어요.

의원과 의녀와 함께 방에 들어서니 홍도가 윤 상궁과 즐겁게 이야기를 나누고 있는 중이었어요. 늘 투덜대고 무뚝뚝하던 모습과는 전혀 다른 새로운 모습이었지요. 예쁜 꽃과 새 그림도 그려 드렸는지 그림들이 바닥에 놓여 있었어요.

"헤헤, 화원 나리께 이런 면이 있었는지 몰랐네요."

방으로 들어선 의원과 의녀는 윤 상궁의 맥을 짚어 보고 침을 놓았어요. 해치도 옆에서 열심히 도왔지요. 다음 날 아침, 윤 상궁의 표정이 한층 밝아졌어요.

의원과 의녀는 세 사람을 밖으로 불러냈어요.

"우선 급한 대로 치료는 마쳤지만, 연세도 있으시고 오랫동안 병을 앓아 기운이 너무 약해졌습니다. 이대로라면 병이 완전히 낫기는 어렵겠습니다."

의녀의 말에 해치는 발을 동동 굴렀어요.

"의원님, 의녀 누나. 다른 방법은 없어요? 좋은 약재가 필요하다면 제가 구해 올게요."

"허준 의원이 쓴 《동의보감》에 보면 이런 경우 산삼이 좋다고는 하는구나. 하지만 워낙 귀한 거라 어디 구할 수나 있겠느냐? 우선은 내가 드린 약재로 약을 지어 드시면 다 낫지는 않아도 견딜 만하실 거야."

의원의 말에 다른 사람들도 모두 고개를 떨구었어요.

의원과 의녀가 가고 나자 홍진이 해치에게 말했어요.

"해치야, 네가 며칠 더 남아서 보살펴 드리고 나중에 우리를 찾아오는 것이 어떻겠니?"

그런데 해치가 대답이 없지 뭐예요? 돌아보니 어느새 해치는 부리나케 뛰어가고 있었어요.

"저 산삼 구하러 가요. 열흘 안에는 돌아올게요!"

결국 홍도가 며칠 남아서 윤 상궁을 보살피기로 했어요. 홍진은 암행어사의 임무 때문에 먼저 길을 떠나야 했거든요.

"해치가 돌아오면 함께 날 찾아오게. 난 먼저 가서 백성들의 삶을 살피고 있겠네."

사람의 몸과 마음을 치료하다

조상들의 직업 한눈에 보기
조선 시대의 전문 기술직

조선 시대에는 전문 기술을 가진 사람들이 제대로 대접받지 못했어요.
중인 계급이었던 이들은 잡과 시험에 합격하면
낮은 관리직에 오를 수 있었답니다.
조선 시대의 전문 기술직에는 어떤 것이 있었을까요?

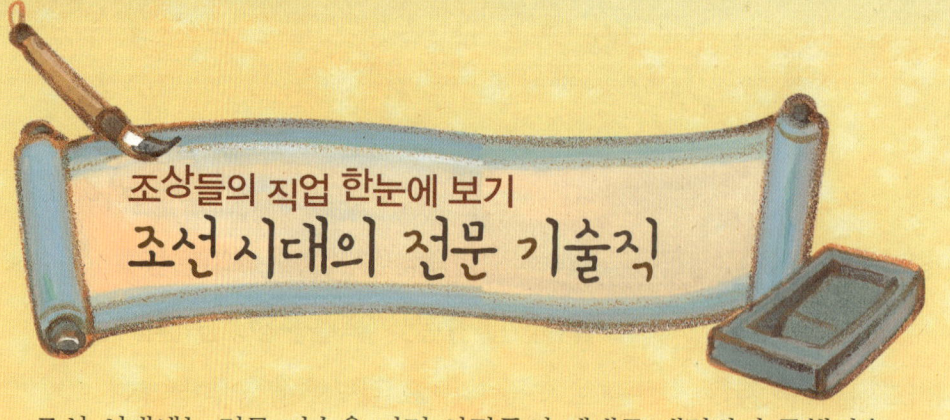

의관
의료 기관에서 일하는 의원이에요.

역관
외교 문서를 작성하고, 통역을 맡아 보던 관리예요.

음양관
천문과 지리에 밝아 천문을 관측해 예보하고, 운명을 점치는 일을 맡았던 관리예요.

서리
중앙 관아에서 문서의 기록과 관리 등 행정 업무를 전문적으로 담당하던 관리예요.

율관
형법에 밝아 법률에 관한 일을 맡아 보던 관리예요.

심마니
신비의 약초를 찾아서

어려서 병으로 부모를 모두 잃은 해치는 봉이가 어머니처럼 생각하는 윤 상궁의 병이 남의 일 같지 않았어요. 오직 낫게 해 주어야겠다는 생각밖에 없었어요.

"산삼을 구할 수 있나요?"

해치는 의원과 약초꾼들을 찾아다니며 물어보았어요. 하지만 대답은 모두 똑같았어요.

"얘야, 그 귀한 것이 여기 있겠니? 우리도 구경도 못 해 봤단다."

"인삼이라면 또 모르겠구나. 하지만 그것도 귀하고 값이 아주 비싸단다."

해치는 가는 곳마다 봉이와 윤 상궁의 이야기를 들려주며 사정해 보았지만 소용없었어요.

"글쎄, 도와주고 싶어도 우리도 구할 수가 없다니까."

하지만 해치는 포기할 수가 없었어요.

"그럼 어디 가면 볼 수 있어요? 제가 직접 구해 올 거예요."

"산삼은 아주 깊은 산속에 가야 캘 수 있어. 너 혼자서는 어림도 없지."

해치는 의원과 약초꾼들에게 졸라 산삼 그림을 받았어요.

산삼은 왜 귀할까?

사람이 기른 것은 인삼이라고 하고, 산에서 자연적으로 자란 삼은 산삼이라고 해요. 인삼에 비해 산삼의 효능이 훨씬 더 좋지만, 더디게 자라고 깊은 산속에 있어 찾기가 쉽지 않아요. 그래서 예나 지금이나 매우 귀하게 여겨진답니다.

"이렇게 생긴 게 산삼이라 이거지? 그래, 좋아. 내가 직접 캐러 가지 뭐!"

하지만 모든 사람들이 말렸어요.

"애야, 정말 큰일 나겠구나. 깊은 산속에 산삼이 어디 있는지 알고 너 혼자 간다는 거냐? 그러다가 살아 돌아오지 못할지도 몰라."

"그래, 오죽하면 전문적으로 산삼을 캐는 사람들이 있겠니?"

그러자 해치의 눈이 둥그레졌어요.

"산삼을 캐는 사람들이 있다고요? 그 사람들이 누군데

요?"

"그야 심마니지."

"그 사람들을 찾아가면 산삼이 있겠네요. 고맙습니다."

"저, 얘야……!"

하지만 사람들의 말이 끝나기도 전에 해치는 다시 달리고 있었어요.

해치는 묻고 물어 심마니들을 찾아갔어요.

"저, 산삼을 구하러 왔어요."

그러자 심마니들은 별 이상한 아이를 다 보겠다는 듯 귀찮게 대꾸했어요.

"산삼이 빈대떡이라도 되는 줄 아니? 그렇게 쉽게 구할 수 있는 게

심마니는 무엇을 하는 사람일까?

심마니는 산삼을 캐는 일을 전문적으로 하는 사람이에요. 쉽게 눈에 띄지 않는 산삼을 찾아다니다 험한 산에서 다치거나 짐승에게 피해를 당하기도 해요. 그래서 심마니들은 항상 조심스럽게 생활해요. 부정을 탈 만한 행동은 하지 않고, 산신제를 지내며 산삼을 캘 때는 자신들만의 말을 사용한답니다.

아니야."

"여긴 너 같은 아이가 올 곳이 아니야. 어서 가거라."

하지만 그냥 포기할 해치가 아니지요. 해치는 심마니들을 졸졸 쫓아다녔어요. 그리고 봉이와 윤 상궁 이야기를 하며 한 뿌리만 달라고 사정했어요.

"한 뿌리만 주시면 제가 아저씨들을 위해서 일 년은 일해 드릴 수 있어요. 제발 부탁이에요. 안 들어주시면 끝까지 쫓아다니며 귀찮게 할 거예요."

"얘야, 우리도 지금은 산삼이 없단다. 곧 산삼을 캐러 산에 가겠지만 구한다 해도 그 귀한 걸 너에게 그냥 줄 수는 없지."

"우린 산에 가기 전에 몸과 마음을 단정히 해야 돼. 그러니 네가 이렇게 우릴 방해하면 널 광에다 가두어 버릴 테다."

그 말에 해치는 눈물이 났어요. 산삼만 구하면 윤 상궁의 병을 고쳐 드리고, 봉이에게도 좋은 소식을 전해 줄 수 있을 거라 생각했어요. 그래서 힘든 줄도 모르고 뛰어다녔는데, 더 이상 어찌할 방법이 없었어요.

해치의 우는 모습을 본 심마니들은 잠시 자기들끼리 속삭였어요.

"이렇게 된 것도 인연인데, 데리고 가면 어떨까?"

"저런 아이를 데려갔다가 사고라도 나면 어떻게 해."

"하지만 딱한 사연을 듣고도 돕지 않으면 왠지 부정 탈 것 같아서 말이야."

"우리는 홀수 날에 홀수 기간 동안, 홀수 인원이 산에 가잖아. 그런데 이번에 막내 심마니가 몸이 안 좋으니, 저 아이를 대신 데려가면 숫자가 딱 맞을 거야."

한참을 의논하던 심마니들은 해치에게 돌아와 어깨에 손을 얹었어요.

"좋아, 이번에 우리랑 함께 가자꾸나. 우리가 캔 것을 줄 수는 없지만, 네가 발견해서 캐낸다면 네가 가지면 되지 않겠니? 대신 이번 한 번 뿐이다. 이번에 구하지 못한다면 그것도 신령님의 뜻이니 더 이상 조르지 말고 돌아가거라."

며칠 사이 해치는 심마니 아저씨들과 많이 친해졌어요. 하지만 행동도 말도 모두 조심해야 했어요. 산삼을 캐러 산에 들어가기 전에는 그렇게 해야 한다고 아저씨들이 일러 주었지요. 해치는 여느 때와 달리 조심스럽고 신중하게 행동했어요. 그런 모습이 예뻤는지 심마니 아저씨들도 처음과 달리 따뜻하게 대해 주었어요.

"벌써 제법 심마니 티를 내는구나."

"아저씨 그런데 산삼 캐는 사람을 왜 심마니라고 해요?"

"응, 우리 심마니들은 산삼을 '심'이라고 한단다. 심마니는 심을 캐는 사람이란 뜻이야. 심마니들은 산삼을 캐러 갈 때

우리들 고유의 말을 쓰거든. 예를 들어 저기 나이 많은 심마니 어르신은 '어인마니'라고 불러. 노련하고 경험 많은 심마니를 가리키는 말이지."

"와, 정말 신기해요."

며칠 동안 해치는 아저씨들에게 심마니 일을 부지런히 배웠어요. 그리고 윤 상궁을 위해 열심히 기도도 올리고 몸과 마음을 깨끗하게 했어요. 심마니 아저씨들은 해치를 위해 망태기와 작은 지팡이도 새로 만들어 주었어요. 드디어 출발하는 전날이 되었어요.

"푹 자고 좋은 꿈꾸어라. 좋은 꿈을 꾸면 심을 캘 수 있을 거야."

그날 저녁 해치는 돌아가신 엄마가 나타나 꼬옥 안아 주는 꿈을 꾸었어요.

드디어 그날 새벽이 되었어요. 심마니 아저씨들과 해치는 조용히 말없이 길을 나섰어요. 산 입구에 들어서서는 산신제를 지냈어요. 쌀과 술, 초 등을 놓아 두고 사고 없이 무사히 다녀올 수 있도록 비는 거예요. 해치도 마음속으로 간절히 빌었어요.

'모두 무사히 다녀올 수 있게 해 주세요. 그리고 상궁마마님의 병도 고칠 수 있도록 해 주세요.'

산으로 들어간 아저씨들은 조용히 모두 말없이 산에 오르기 시작했어요. 보통 때에는 알고 싶은 것도 많고, 하고 싶은 말도 많은 해치였지만, 조용히 아저씨들 뒤를 따랐어요. 산에 오르기 전에 아저씨들이 미리 주의를 주었거든요.

"산에서는 꼭 필요한 말이 아니면 해서는 안 돼. 조용하게 움직이고, 만약 멈추거나 가자고 할 때는 들고 있는 지팡이로 나무를 두드려서 표시한단다. 그리고 말을 할 때는 우리가 가르쳐 준 심마니들의 말을 사용하거라."

해치와 심마니 아저씨들은 점점 더 깊은 산속으로 들어갔어요. 날이 저물면 움막을 지어 잠을 잤어요. 아저씨들은 움막을 심마니 말로 '모둠'이라고 불렀어요. 셋째 날이 되자 해치는 몹시 피곤하고 힘들었어요. 아무리 집중하고 찾아도 산삼은 보이지 않았어요. 이

제 내려가야 하는 날이었지요. 아저씨들은 처음 산에 가는 해치가 있어서 3일만 산에서 보내기로 했거든요.

'아, 산삼은 찾지 못하려나 봐. 상궁마마님의 병을 꼭 낫게 해 드리고 싶었는데.'

해치는 힘이 쭉 빠져서 바위 위에 잠시 쭈그려 앉았어요. 꿈속에서 꼬옥 안아 주시던 엄마가 몹시 보고 싶어 고개를 푹 수그렸어요. 그런데 그때 커다란 바위 밑에 산삼 잎이 보였어요. 해치는 눈을 비비고 다시 보았어요. 다시 보아도 그것은 산삼이 틀림없었어요.

"심봤다!"

해치는 아저씨들에게 배운 대로 크게 외쳤어요. 그러자 다른 심마니 아저씨들은 눈이 둥그레진 채 그 자리에 멈추어 섰어요. 해치는 산삼이 다치지 않도록 조심조심 캐냈어요.

"전 이걸로 됐어요."

어인마니 아저씨가 다가와서 해치가 산삼을 잘 싸서 가지고 갈 수 있도록 도와주었어요.

"이보게 이것 좀 봐!"

어인마니 아저씨는 놀라서 소리쳤어요. 다른 아저씨들도 다가오더니 깜짝 놀랐어요.

"이건 오구가 아닌가? 이런 산삼은 나도 아직까지 캐 보지 못했는데."

그제야 다른 심마니 아저씨들도 산삼을 찾았어요. 아저씨들도 모두 내피(2년생 산삼) 같은 작은 산삼 한 뿌리씩을 캤어요.

해치와 심마니 아저씨들은 모두 감사하는 마음을 담아 다시 산신제를 올렸어요.

"감사합니다, 정말 감사합니다!"

해치는 너무 신이 나서 산을 내려오는 것이 힘든 줄도 몰랐어요. 산을 내려온 해치는 심마니 아저씨들과 작별 인사를 했어요.

"해치 네 덕분에 우리도 심을 캔 것 같구나."

"그래, 개인적인 욕심이 아니라 다른 사람을 살리려는 네 예쁜 마음 때문에 산신령이 선물을 내리신 거야."

"네가 캔 그 심은 평생 산을 다녀도 찾기 쉽지 않은 거란다. 감사히 여기고 꼭 그 분의 병을 낫게 해 드리렴."

다음 날, 해치는 윤 상궁 집 대문을 활짝 열었어요.

"저 왔어요. 제가 산삼을 구해 왔어요!"

홍도는 믿을 수 없다는 듯 눈을 깜박이더니 달려 나와 해치를 안아 주었답니다.

가마꾼
가마를 메던 사람이에요.

파발꾼
나라의 중요한 문서를 역참에 빠르게 전달하던 사람이에요.

뱃사공
주로 노를 저어 배를 움직여 물건이나 사람을 건네주던 사람이에요.

훈장

어린 학동들의 스승을 만나다

한편 암행어사의 임무를 위해 먼저 길을 떠난 홍진은 드디어 목적지에 도착했어요. 백성들은 잘 살고 있는지, 관리들이 욕심을 부려 백성들을 괴롭히지는 않는지 둘러보던 중이었지요. 한 고을 입구에 도착하자 학동들의 글 읽는 소리가 들려왔어요.

"내가 공부할 때는 때때로 지겹더니, 학동들의 글 읽는 소리를 들으니 좋군. 내 어렸을 때 생각도 나고 말이야."

담장 안을 살펴보니 그곳은 바로 서당이었어요. 해치 또래의 아이들이 책을 놓고 앉아 있었어요. 꾸벅꾸벅 졸다가 혼나는 아이도 있었고, 또랑또랑한 목소리로 책을 읽는 아이도 있었어요.

"해치와 홍도는 윤 상궁을 잘 보살피고 있는지 모르겠군."

홍진은 자기도 모르게 서당 안으로 들어섰어요.

낯선 선비의 등장에 서당 아이들은 놀라서 모두 홍진을 바라보았어요. 홍진은 훈장 선생님을 향해 인사를 했어요.

"학동들을 가르치시는 데 방해가 되었다면 죄송합니다. 지나는데 글 읽는 소리가 듣기 좋아 저도 모르게 들어오고 말았지 뭡니까?"

"아닙니다. 이렇게 들어오셨으니 시원한 물이라도 한 잔 드시고 가십시오."

조선 시대의 학교
조선 시대에는 지금처럼 누구나 학교에 다닐 수 있는 것은 아니었어요. 대부분 양반의 자제들로 남자아이들만 다녔어요.

서당
지금의 초등학교, 중학교와 비슷해요. 지금과 달리 마을에서 개인이 운영하던 학교로 아이들에게 한자와 기초적인 한문 교육을 했어요.

사부 학당과 향교
서당에서 공부를 마친 학생들은 사부 학당이나 향교에 들어갔어요. 사부 학당은 서울의 네 곳에 세운 학교이고, 지방에서 사부학당과 같은 역할을 하던 곳이 바로 향교예요. 지금의 중, 고등학교 정도에 해당하는 학교로 주로 소학과 사서를 가르쳤어요.

성균관
최고의 교육 기관으로 지금의 국립 대학과 비슷해요. 조선 시대 최고의 젊은 지식인들이 모인 곳으로 이곳에서 공부한 학생들은 과거 시험을 거쳐 높은 벼슬에 오르는 경우가 많았어요.

서로 예의를 갖춰 인사를 하던 두 사람은 얼굴을 보고는 그만 깜짝 놀랐어요.

"이게 누군가? 홍진이 아닌가?"

그러자 홍진도 달려가 훈장의 손을 덥석 잡았어요.

"자넨 석호 아닌가? 고향에 내려가 서당을 차렸단 이야기는 들었네만 자네가 있는 곳이 여기인 줄은 몰랐네."

홍진과 훈장은 성균관에서 함께 공부하던 사이였어요.

홍진의 친구인 훈장은 과거 시험에 통과해 벼슬길에 올랐지만 몸이 약했어요. 결국 관직을 그만 두고 고향에 내려와 서당에서 아이들을 가르치고 있었어요.

"몸이 안 좋다고 들었는데 얼굴빛이 좋은 걸 보니 마음이 놓이네."

홍진은 오랜만에 만난 친구가 몹시 반가웠어요.

"그러게 고향이 좋긴 좋은가 보네. 난 관직이 체질에 안 맞나 봐. 여기서 이렇게 학동들을 가르치는 것이 보람되고 즐겁다네."

두 사람이 반갑게 인사하는 사이 장난꾸러기 학동들은 벌써 시끌시끌 왁자지껄 떠들고 장난을 치느라 정신이 없었어요. 훈장은 하는 수 없이 접장을 불렀어요.

"내 갑자기 오랜 친구를 만났으니 잠시 이야기를 나누어야겠구나. 네가 아이들을 지도해서 아까 읽던 글들을 마저 읽도록 해라."

벌써 코 밑에 수염이 거뭇거뭇 자라기 시작한 접장은 홍진에게 점잖게 인사를 하고는 학동들에게 돌아갔어요.

접장이 돌아가자 아이들이 다시 글을 읽기 시작했어요.

"그런데 자넨 여기 웬일인가?"

훈장이 홍진에게 물었어요. 오랜만에 만난 친구이지만 암행어사라는 사실을 밝힐 수는 없었어요.

"음, 그냥 잠시 만나 볼 사람이 있어 이 고을에 들렀네."

서당의 수업 방법

제술
한문으로 시나 글을 짓는 훈련을 했어요.

습자
붓글씨를 잘 쓸 수 있도록 연습했어요.

강독
글을 소리 높여 읽는 것으로 서당의 가장 기초적인 교육 방법이에요. 처음에는 훈장님을 따라 소리 높여 글을 읽고, 그 다음에 뜻을 익혀요.

놀이를 통한 공부
서당에는 아직 밖에서 뛰어놀기를 더 좋아하는 어린 학동들이 많았기 때문에 재미있는 놀이를 이용해서 공부를 하기도 했어요. '종정도 놀이'라는 주사위 놀이를 통해 벼슬의 이름을 익히도록 했고, 책 속의 한자와 자기가 아는 한자를 합하여 전국의 고을 이름을 많이 맞추면 이기는 '고을 모듬놀이'도 했어요. 또 항아리에 화살을 꽂아 넣는 투호를 하며 게임을 즐기기도 했어요.

두 사람은 함께 차를 마시며 잠시 서로 이야기를 나누었어요.

"내가 자네 시간을 너무 빼앗은 것 같군. 이제 그만 학동들을 가르쳐야 하지 않겠나?"

홍진이 일어나려 하자, 훈장이 홍진을 말렸어요.

"바쁜 일 없으면 여기서 하루만 머물고 가게. 자네는 성적도 뛰어났으니 잠시 학동들에게 학문을 가르쳐 주게. 학동들이 돌아가면 술도 한 잔 하세."

어차피 잠시 머물며 고을 사정을 살피려 했던 홍진은 그것도 좋겠다고 생각했어요. 훈장은 홍진을 학동들에게 소개했어요.

"이분은 성균관에서 나와 함께 공부를 하던 동무다. 너희들의 실력이 궁금하다고 하니 오늘 공부를 배워 보는 건 어떻겠느냐?"

홍진은 시를 지어 읽어 주었어요.

"자, 이 시의 마지막 구절은 아직 짓지 않았다. 누가 지어 보겠느냐?"

학동들은 저마다 마지막 구절을 지었어요.

"모두 훌륭하니 오늘 수업은 이것으로 접겠다. 대신 종정도 놀이를 하며 관직 이름을 외우거라."

"와!"

홍진의 말에 학동들은 모두 신이 났어요.

"공부 좀 가르쳐 주라고 부탁했더니, 놀라고 하면 어떻게 하는가?

자네도 예전엔 노는 걸 참 좋아했는데 말이야. 그래도 공부를 잘 한 걸 보면 신기하지 뭔가?"

훈장의 말에 홍진은 껄껄 웃고 말았어요.

훈장과 학동들을 만나 즐거운 시간을 보낸 홍진은 그날 훈장의 집에서 머무르기로 했어요.

"이보게 오늘은 함께 술 한 잔 해야지? 마침 엊그제 책씻이를 해서 남은 음식과 술이 있다네. 훈장 일을 하면서 가장 보람 될 때가 바로 책씻이 할 때라네. 학동이 책을 한 권, 한 권 떼며 지식이 늘어가는 것을 보는 것 만큼 즐거운 일이 또 있겠는가?"

훈장은 아이처럼 신 나 하며 먹을거리와 술을 내왔어요.

"예끼 이 사람, 맛있는 술과 음식 때문에 신 나는 것은 아니고?"

두 사람은 술잔을 주고받으며 밀린 이야기를 나누었어요.

"그나저나 이 고을 사또는 좀 어떤가?"

홍진은 넌지시 고을 사정을 물어보았어요.

"말도 말게. 욕심이 어찌나 많은지 세금을 있는 대로 거둔다네. 또 성품도 거칠어 백성들이 조금이라도 맘에 들지 않으면 바로 잡아 가둔다네. 요즘 관리들이 하는 일을 보면 조용히 학동들을 가르치는 내 길이 차라리 옳다는 생각이 들지."

그때였어요. 밖에서 훈장을 부르는 소리가 들려왔어요.

"훈장님, 저 큰손이에요."

"오늘은 저 아이가 오는 날이 아닌데, 무슨 일이지? 잠시만 기다리게."

훈장은 잠시 밖으로 나갔어요. 밖에서는 훈장의 이야기 소리와 소년이 훌쩍거리며 우는 소리가 들려왔어요. 잠시 후, 돌아온 훈장은 한숨을 크게 내쉬었어요.

"도대체 무슨 일인가?"

"저 아이의 누나가 관아에 잡혀갔다네?"

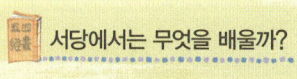
서당에서는 무엇을 배울까?

《소학》
중국 송나라 때 지어진 책으로 학문을 시작하는 사람들을 위한 책이에요. 예법과 도덕, 교훈을 담고 있는 문구들, 그리고 충성스런 신하나 효자들의 이야기가 담겨 있어요.

《사서오경》
유교의 가장 기본적이고 중요한 경전들로, 〈논어〉, 〈맹자〉, 〈중용〉, 〈대학〉의 사서와 〈시경〉, 〈서경〉, 〈주역〉, 〈예기〉, 〈춘추〉의 오경을 합하여 가리키는 말이에요.

《천자문》
기초적인 한자를 네 개씩 짝을 이루어 250개의 구절을 모아 놓은 책이에요. 자연 현상과 기본적인 도덕에 관한 말들을 배울 수 있어요.

《통감》
중국의 역사를 연대별로 간략히 정리한 책이에요.

《격몽요결》
율곡 이이가 쓴 책으로, 학문을 처음 시작하는 사람들이 어떤 마음가짐과 태도로 공부해야 하는지 정리한 책이에요.

《동몽선습》
유교의 기본적인 도리와 간략한 역사가 담긴 어린이용 책이에요.

홍진은 깜짝 놀라 물었어요.

"아니, 도대체 무슨 일이 있었기에 잡혀갔단 말인가?"

"저 아이는 사실 백정의 아들이야. 서당에서 아이들이 글을 배우는 걸 종종 훔쳐보기에 어느 날 말을 걸어 보았지. 그런데 담장 밖으로 훔쳐 들은 글을 줄줄 외우지 뭔가? 백정이야 글을 배울 필요도 없고, 배워서도 안 된다는 걸 나도 알고 있네. 하지만 영리한 아이의 재능이 아까워 일주일에 한두 번씩 따로 불러 글을 가르쳐 주었다네. 그저 천자문이나 떼게 해 주려고 했는데, 너무 영특해서 벌써 소학까지 다 떼었지 뭔가?"

홍진은 영특하다는 큰손이의 이야기를 들으며 잠시 해치를 떠올렸어요.

"그런데 그 아이의 누나는 왜 잡혀갔는가?"

"글쎄, 관청에 일이 있어 들어간 후로 돌아오지 않았다는 거야. 걸핏하면 형벌을 내리고 사람을 잡아 가두는 사또의 횡포를 보아서는 사또 짓이 분명한데. 그런 일 없다고 하니, 증거가 없지 않나. 천한 신분의 백정이니 누가 신경이나 쓰겠나? 잘못하면 그 자리에서 죽여도 억울하다 말할 수 없는 게 백정 아닌가? 나에게 찾아와 도와 달라는데, 내가 무슨 힘이 있어야 말이지. 어쨌든 내일 관아에 찾아가 보아야겠네."

홍진은 이 고을 사또의 행적을 조사해 보아야겠다고 생각했어요.

"그럴 것 없네. 내 이 고을에 며칠 머물며 알아보겠네. 이 일은 내가 해결해 볼 테니 자넨 잠자리와 식사나 준비해 주게."

홍진은 사람을 시켜 홍도와 해치가 있는 윤 상궁 집에 편지를 보냈어요. 이제부터 본격적으로 임무를 시작할 테니 자신이 있는 훈장 집으로 찾아오라는 내용이었지요.

'이제부터 시작이구나.'

홍진은 마음을 다잡으며 잠이 들었어요.

성균관박사
성균관에서 유생들에게 유교 교육을 맡아서 하던 관직이에요.

제학
왕실 도서관이자 많은 책을 만들어 반포했던 규장각에 속한 관직이에요.

경시관
조선 시대에 지방에서 과거를 치를 때 이를 감독하기 위해서 서울에서 보낸 시험관이에요.

갖바치

고운 가죽신을 만드는 투박한 손

다음 날, 홍진은 백정들의 마을을 찾아갔어요. 백정 마을은 몹시 분주해 보였어요. 소를 잡으려고 끌고 가는 사람, 가죽을 옮기는 사람, 버드나무로 바구니를 만드는 사람도 있었지요.

"이보게, 여기 혹시 큰손이네 집이 어딘가?"

가죽을 옮기던 사람은 화들짝 놀라며 굽실거렸어요.

"예, 이쪽입니다."

가죽을 옮기던 사람은 골목을 돌아 다 쓰러져 가는 초가집 한 채를 가리켰어요.

"큰손아, 큰손이 있느냐?"

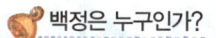

백정은 누구인가?

백정은 원래 신라 말과 고려 시대 초기에 북쪽에서 내려온 유목 민족의 후손이에요. 그런데 다른 민족이었던 이들은 적응을 하지 못해 떠돌아다니며 문제를 일으키기도 하고, 북방에서 오랑캐들이 침입해 올 때는 앞잡이 노릇을 하기도 했어요. 게다가 직업도 짐승을 죽이는 일을 주로 하다 보니, 사람들이 이들을 피하고 천하게 여겼어요. 나라에서도 백정들의 생활을 엄격하게 통제하고 가혹하게 대했답니다.

백정들은 자기들끼리 모여 살면서 소나 돼지를 잡는 일, 가죽신을 만드는 일, 버드나무로 생활 용품을 만드는 일을 하며 힘겹게 살아갔어요.

홍진은 안에 대고 소리쳤어요. 그러자 소년 하나가 후다닥 달려 나왔어요.

"예, 접니다. 무슨 일이십니까? 가죽신이 필요해서 오셨습니까?"

"아니다. 난 훈장의 친구인 이홍진이란다. 네 딱한 사연을 듣고 내가 도와주러 왔으니 자세히 이야기해 보아라."

큰손이는 그 말에 눈물을 글썽였어요.

고운 가죽신을 만드는 투박한 손 **83**

"저희같이 천한 사람들을 직접 도와주신다니 정말 감사합니다. 훈장 어른 외에는 도움을 청할 사람이 아무도 없어서 걱정만 하고 있었습니다."

큰손이와 누나는 아버지와 함께 셋이 살고 있었어요. 가죽신을 만들며 살아가는 갖바치였던 세 식구는 서로 도와가며 열심히 일을 했어요. 큰손이의 누나 은실이는 손재주가 좋아 가죽신도 꼼꼼히 잘 만들었지요.

"새 원님께서 오신 후로 더욱 살기가 어려워졌어요. 다른 원님들보다 세, 네 배는 자주 갖신을 지어 올리라 하셨거든요."

"갖신이 뭐예요?"

조선 시대 사람들이 신던 신발

나막신
나무를 깎아 만든 신으로 굽이 달려 있어요. 비 오는 날이나 진 땅을 걸을 때 신었어요.

갖신
가죽으로 만든 신으로 부유한 양반이나 벼슬아치 등 신분이 높은 사람들이 신었어요.

짚신
짚을 엮어 만든 신이에요. 일반 사람들이나 가난한 선비들이 주로 신었어요.

그때 뒤에서 해치의 목소리가 들려왔어요.

"갖신은 가죽신을 가리키는 말이에요. 주로 양반이나 벼슬이 높은 분들이 신지요."

큰손이는 해치가 더 나이가 어린데도 꼬박꼬박 존댓말을 했어요.

"아, 그렇구나. 저야 맨날 짚신만 신어 봐서 잘 몰라요. 아, 그래도 나막신은 본 적 있어요."

"아이고, 넌 어째 오자마자 질문부터 하느냐? 그래도 이렇게 빨리 오니 반갑구나."

"형님, 저도 왔습니다."

뒤를 이어 홍도도 들어왔어요.

"훈장님 댁에 갔더니 여기 계실 거라고 해서 따라왔어요."

해치는 오랜만에 만난 홍진이 반가운지 계속 재잘거렸어요.

"그래, 잘했구나. 하지만 지금은 중요한 얘기 중이니, 밀린 이야기는 나중에 하고 잠시 들어 보아라."

그러자 큰손이가 다시 말을 이었어요.

"그날도 누나는 갖신을 지어서 관아에 가져갔어요. 원님의 아드님께서 신을 신발이었지요. 그런데 무엇이 마음에 안 들었는지 갖신을 집어던졌답니다. 그런데 하필이면 그 신발이 문을 들어서던 원님 머리에 떨어졌대요. 원님의 아들은 무서워서 우리 누나가 그랬다고 했답니다. 사또는 곧바로 누나를 옥에 가두었어요. 관아에서 일하던 사람에게 전해 들은 이야기니 사실이 분명한데, 관아에 찾아가 보면 그런 일 없다고 호통만 치시니 어찌할 바를 모르겠어요."

큰손이는 얘기가 끝나자 한숨을 푹 쉬었어요.

그 사이 홍도는 또 붓을 꺼내 들고 백정 마을의 풍경이며 갓바치 집안의 모습을 그리고 있었어요.

"이 봐, 자네 뭐 좋은 수 없나? 맨날 쫓아다니며 그림만 그리지 말고 생각 좀 해 보게."

홍진이 묻자 홍도는 씩 웃으며 대답했어요.

"생각은 형님 담당 아닙니까? 전 제 임무에 충실하고 있으니 할 일만 알려 주세요."

홍진은 잠시 생각에 잠기더니 세 사람에게 계획을 알려 주었어요.

"큰손이가 가면 아무래도 금방 눈치를 챌 테니 해치 네가 갖신을 지어 올린다며 관아로 가야겠다."

그러자 큰손이가 난처해 하며 말했어요.

"나리, 지금은 완성된 갓신이 없습니다. 만들던 것이 있기는 하지만 완성되려면 하루나 이틀 정도 걸릴 것 같습니다."

"괜찮네. 어차피 그동안 다른 사람들도 할 일이 있으니 말이야. 너는 큰손이가 갓신 만드는 것을 도와주어라."

큰손이는 잘라 놓은 가죽에 무늬를 새겨 넣고, 연결해서 조금씩 신발 모양을 만들어 갔어요. 해치도 옆에서 열심히 돕고 싶었지만 괜히

망치기라도 할까봐 나설 수가 없었어요. 그래서 필요한 물건들이라도 가져다 주고 싶은데 어디에 있는지 알 수가 없었지요.

"목은 마르지 않아요? 내가 물이라도 떠다 줄까요?"

해치는 어떻게든 도움이 되고 싶어 물어보았어요.

"괜찮습니다."

큰손이는 묵묵히 자기 일을 했어요. 해치도 주막 일을 하면서 꽤 거칠게 자랐다고 생각했어요. 하지만 큰손이의 손을 보니 자기 손이 부끄러웠어요. 가죽을 다듬고, 자르고, 꿰매는 큰손이의 손은 굳은

갖신 만들기

1. 다듬은 가죽을 마르지 않도록 항아리에 넣고 젖은 천으로 덮어 보관해요.
2. 천에 쌀풀을 발라 여러 겹을 붙여요.
3. 단단해진 천에 가죽을 붙여요.
4. 치수에 맞게 가죽을 오려요.
5. 잘라 놓은 가죽에 원하는 무늬를 새겨요.
6. 신발의 울타리를 만들고 둘레를 마무리한 다음, 신발 바닥을 만들어 연결해요.
7. 예쁜 갖신 완성!

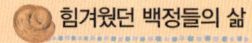
힘겨웠던 백정들의 삶

백정은 법적으로는 일반 사람인 양인의 신분이었어요. 하지만 실제로는 천민인 노비들보다 더 낮은 대접을 받았어요. 그래서 마을 안에서 함께 살지 못하고, 외진 곳에 자기들끼리 따로 모여 살아야 했어요.

백정들은 아무리 돈이 많아도 비단옷이나 두루마기는 입을 수 없었어요. 또 머리에는 오로지 대를 가늘게 쪼개어 만들고 짚으로 끈을 단 패랭이만 쓸 수 있었어요.

백정들은 사람들에게 먼저 인사하고 존댓말을 써야 했는데, 상대가 어린아이라고 해도 마찬가지였답니다.

백정들은 결혼 할 때도 말이나 가마를 탈 수 없었어요. 신랑은 말 대신 소를, 신부는 가마 대신 널빤지를 탔어요.

여자들은 비녀도 꽂을 수 없었어요

백정들은 죽은 후에 상여를 탈 수도 없었어요.

살투성이로 아주 거칠었어요. 그렇게 열심히 일하는 모습을 보니 차마 혼자 들어가 잘 수가 없었지요. 해치는 밤새 큰손이의 옆에 앉아 갖신 만드는 모습을 지켜보았어요.

드디어 갖신이 다 만들어졌어요. 큰손이가 만든 갖신은 목이 긴 검은 가죽 신발이었어요.

"이 신발은 무슨 신발이에요?"

"흑피화예요. 관리들이 공식적인 업무를 볼 때 신는 신발이에요. 원님께 바치면 좋아할 거예요."

큰손이는 해치에게 친절하게 설명해 주었어요. 그리고 태사혜, 당혜, 녹피혜 등 다른 갖신들에 대해서도 이야기해 주었지요.

"와, 갖신 종류가 그렇게 많은지 몰랐어요. 어차피 전 신어 보지도 못했으니까요."

"저도 마찬가지예요. 우린 평생 갖신을 만드는 갖바치지만 신분이 낮아 갖신을 신을 수 없어요."

"너무해요. 신고 다니지도 못하는 신발을 굳은살까지 생기며 평생 만들어야 하다니 좀 슬픈 것 같아요."

해치의 말에 큰손이는 자기 손이 부끄러웠는지 뒤로 슬그머니 감추었어요. 해치는 믿음직한 형 같은 큰손이와 이야기를 나누는 것이 좋았어요. 큰손이 같은 형이 있으면 얼마나 좋을까 하고 생각했지요.

"형, 제 형이 되어 주지 않을래요? 그냥 편하게 말도 놓고요."

"그건 안 돼요. 백정들끼린 몰라도 다른 사람한테는 언제나 존댓말을 써야 하거든요."

큰손이의 대답에 해치는 마음이 아팠어요.

'그래도 내 형이 되어 주면 좋을 텐데.'

해치는 시무룩해져서 밖으로 나왔어요. 밖에서는 홍도와 홍진이 티격태격하며 이야기를 나누고 있었어요. 해치를 보자 홍진이 웃으며 반겼어요.

"해치야, 이놈한테 들었는데 네가 큰일을 해냈다며? 산삼을 찾아내다니 넌 정말 놀라운 아이야. 덕분에 윤 상궁도 몸이 많이 좋아졌다고?"

그러자 홍도가 끼어들었어요.

"으으, 그걸 팔면 돈이 얼만데. 아깝다, 아까워."

"어이구, 윤 상궁을 그렇게 극진히 보살피더니 툴툴거리기는. 봉이가 그 소식을 들으면 정말 기뻐하겠구나."

"예."

해치는 계속 마음이 무거웠는지 시무룩하게 대답했어요.

"왜 그러니?"

홍진은 처음 보는 해치의 모습에 놀라 물었어요.

"난 큰손이 형이 좋은데 형은 저한테 계속 존댓말을 써요. 백정은 그래야 하는 거래요. 그래서 좀 슬퍼요."

"그래, 백정들의 삶은 보통 사람들보다 힘들지. 너도 마을에 들어와 봐서 알겠지만 누구에게나 낮은 대접을 받고 억울한 일이 있어도 말할 수조차 없는 경우가 많단다. 하지만 우리가 돕고 있잖아. 그러니 기운 내서 꼭 큰손이의 누나를 구하도록 하자."

홍진의 이야기에 해치는 비로소 기운을 차렸어요. 홍도는 무거운 분위기를 깨려고 일부러 큰소리로 말했어요.

"그러니까, 형님. 이제 또 뭘 하면 됩니까?"

"자, 이제 드디어 자네가 할 일이 있네. 큰손이 누나의 얼굴이 어떻게 생겼는지 자세히 듣고 그려 보게."

그러자 홍도는 고개를 갸웃거렸어요.

"그건 왜요?"

"큰손이는 들여보내 주지 않을 테니 해치가 그걸 들고 옥사에 몰래 들어가 큰손이의 누나를 찾아봐야지. 옥사마다 돌며 큰손이 누나 없냐고 물을 수는 없지 않겠나?"

그러자 홍도가 소매를 걷으며 말했어요.

"좋습니다. 그런 일이라면 제가 자신 있지요."

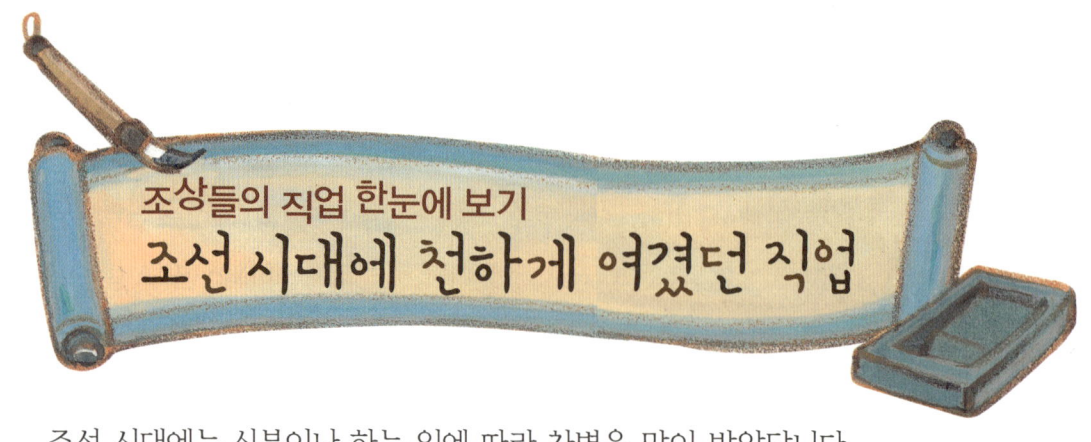

조상들의 직업 한눈에 보기
조선 시대에 천하게 여겼던 직업

조선 시대에는 신분이나 하는 일에 따라 차별을 많이 받았답니다.
조선 시대에 사람들이 천하게 여겼던 직업에는 어떤 것이 있었을까요?

갖바치
양반들이 신던 가죽신을 만들어 팔았어요.

백정
소, 돼지 등을 잡아 고기와 가죽을 팔았어요.

세상을 종이 위에 담는 사람

"그림, 나는 볼 일이 있어 잠시 나갔다 오겠네."
홍진은 홍도와 해치에게 일을 맡겨 놓고 바람처럼 사라졌어요.
홍도는 큰손이의 아버지를 만나 딸의 생김새를 자세히 물었어요.
"눈은 동그랗습니까? 쌍꺼풀은요? 입매는 어떻습니까?"
홍도는 하나하나 물어가며 그림을 완성해 갔어요. 홍도의 그림 솜씨를 본 큰손이의 아버지는 깜짝 놀랐어요.
"그림을 이렇게 잘 그리는 걸 보니 화가십니까?"
"예. 화가는 화가인데 개인적으로 그림을 그려 파는 사람은 아닙니다. 물론 제가 그림을 그려 팔았으면 장안의 제일 부자가 되었을지도 모르지요. 하지만 제 그림 실력이 워낙 뛰어나니 어찌 그냥 있겠습니까? 나라를 위해 그 재능을 쓰기로 했지요. 그래서 도화서에 들어가 화원이 되었습니다."

홍도는 그새 우쭐대며 자기 자랑을 늘어놓았어요.

"그만하고 얼른 그림이나 그리세요."

해치의 핀잔에 홍도는 다시 진지하게 그림을 그렸어요. 한참 지나 완성이 된 큰손이 누나의 얼굴은 꽤 고와 보였어요. 큰손이랑 닮은 눈매와 코를 가졌지만 가느다란 턱선에 고운 입술이 달렸지요. 그때 홍진이 들어왔어요.

"형님, 다 되었습니다."

"고생했네. 그럼 내일 해치와 함께 관아로 가게. 해치 넌 갓신을 바치고, 홍도는 초상화를 그려 주겠다며 사또와 관리들의 정신을 쏙 빼놓아라. 그 사이에 해치가 옥사에 들어가 큰손이 누나를 찾아보는 거야."

그때 홍도가 갑자기 입을 삐죽였어요.

"그런데 형님. 왜 맨날 해치랑 저만 일을 시키시는 겁니까? 형님은 일 안 하십니까?"

그러자 홍진이 답답하다는 듯 나무랐어요.

"답답한 사람 봤나. 나는 이 고을 사또가 저지른 나쁜 짓을 조사하고 그 증거를 잡아야 할 게 아닌가? 그래야 다시는 나쁜 짓을 못하도록 사또 자리에서 내쫓을 수 있지."

결국 홍도는 해치와 함께 관아로 향했어요.

"화원 나리는 어떻게 화원이 됐어요?"

"우리 아버지께서도 도화서 화원이셨거든. 그래서 내 이름이 홍도란다. 유명한 화원이었던 김홍도의 이름을 따서 말이야. 물론 성은 다르지만. 우리 아버지는 내가 김홍도처럼 유명한 화가가 되길 바라셨어. 그래서 어린 나이에 도화서에 들어가 그림을 배웠단다. 다행히도 아버지의 재능을 물려받았는지 시험에 합격하여 정식 화원이 되었지. 내가 종이 위에 담지 못할 세상은 없단다.

조선 시대에 화원이 되려면?

화원이 되고 싶은 사람은 어릴 때 도화서에 그림을 배우는 생도로 들어가요. 이곳에서 그림 공부를 하다가 어느 정도 실력이 쌓이면 화원을 뽑는 시험을 봐요. 시험 과목은 대나무, 자연 풍경, 인물과 동물, 풀과 꽃의 네 가지 주제 중에서 두 가지를 선택해 그리는 거예요.

화원을 뽑는 시험 과목 중 대나무 그리는 것을 가장 중요하게 생각했어요.

사람, 꽃, 산, 동물. 난 모든 것을 그려 낼 거야."

해치는 홍도를 보며 화원이 되어 그림을 그리는 것도 멋진 일이라는 생각이 들었어요.

"저도 화원이 될 수 있을까요?"

그러자 홍도는 머리를 긁적였어요.

"글쎄다. 할 수도 있겠지. 그런데 지난번에 네가 산삼 그림 그려 놓은 걸 봤는데, 난 웬만하면 말리고 싶구나."

"쳇, 너무해요."

이야기를 나누는 사이 둘은 관아에 도착했어요. 먼저 해치가 문지기에게 말했어요.

"원님께 갖신을 갖다 드리러 왔어요."

그러자 문지기는 해치를 안으로 들여보내 주었어요. 해치는 심장이 쿵쾅거렸어요.

'큰손이 형을 위해서 힘을 내야지.'

원님을 찾아간 해치는 훈장 선생님이 보내신 선물이라며 갖신을 바쳤어요. 그리고 나오는 척하며 살짝 뒤뜰에 숨었지요.

그러자 바로 홍도가 원님을 찾았어요.

"그래 무슨 일인가?"

"예, 저는 도화서 화원 최홍도입니다. 이곳을 지나다가 고을 사람들에게 물으니 모두 원님을 존경하고 감사하게 여기기에 뵙고 싶어서 찾아왔습니다. 제가 나라를 위해 그림을 그리는 사람인데 어떻게 사또처럼 훌륭한 분의 초상화를 그리지 않고 지나칠 수 있겠습니까?"

홍도가 사또를 몹시 칭찬하며 아부하자 사또는 기분이 좋아졌어요. 홍도는 그 틈을 놓치지 않았지요.

"사또, 제가 그동안 그린 그림들 좀 보시겠습니까? 자, 이건 궁궐을 장식할 때 자주 쓰이는 십장생도입니다. 그리고 이건 제가 요즘 그린 풍속화이지요. 그리고 어진……."

"뭐라고? 자네가 어진도 그렸단 말인가?"

"그건 아니고, 곧 어진도 그리게 될 거란 말씀이지요."

사또는 홍도의 그림 실력에 반하고 말았어요. 게다가 자신이 훌륭한 관리라서 초상화를 그려 보고 싶다 하니 더더욱 기분이 좋았지요.

"그럼, 당장 시작해 보게."

사또는 관아의 일도 미루었어요. 그리고 가만히 앉아서 홍도가 그림을 다 그리길 기다렸지요. 하지만 저녁 때가 다 되어도 초상화가 끝나지 않았어요.

"음, 좀 힘들군. 내일 마저 하면 안 되겠나?"

그러자 홍도는 기다렸다는 듯 대답했어요.

"예, 아직 완성하려면 시간이 더 걸리니 오늘은 쉬시고 내일 오전에 마저 그리는 것이 좋겠습니다."

사또는 홍도가 그곳에서 자고 갈 수 있도록 방을 내어 주었어요.

조선 시대 화원들은 어떤 그림을 그렸을까?

궁중장식화
궁궐을 장식하기 위해 병풍이나 건물에 그림을 그려 넣었어요. 특히 왕이 앉는 자리 뒤에는 '일월오봉도'가 그려진 커다란 병풍을 놓았어요. 해와 달, 다섯 개의 봉우리와 폭포, 소나무 등이 그려진 이 그림은 왕의 권위를 상징하는 그림이에요.

의궤도
궁궐에서 치르는 중요한 행사의 과정과 모습을 아주 자세히 그려 놓은 그림이에요. 사진이 없던 시절에 기록을 남기기 위해 행사에 참가한 사람, 위치, 물건 등에 이르기까지 빠짐없이 그리고 기록했어요.

어진
어진은 왕의 초상화를 말해요. 어진을 그리는 일은 화원들에게 영광스러운 일로 실력 있는 화원을 뽑아 그리도록 했어요.

풍속화
왕은 백성들의 삶이 궁금할 때면 화원들에게 풍속화를 그리도록 했어요. 그러면 화원들은 궁궐 밖으로 나가 사람들이 사는 여러 모습을 그려 왕에게 바쳤답니다.

감계화
사람들이 감동을 받아 본받게 하거나, 똑같은 잘못을 저지르지 않도록 하기 위해서 그린 그림이에요. 충성스런 신하나 훌륭한 왕과 왕비의 모습을 그려 본받도록 하고, 잘못된 정치를 한 사람들의 모습을 그려 경계하도록 했어요.

최고의 화원, 자비대령 화원

자비대령 화원은 왕이 부르면 언제든 달려갈 수 있도록 차비를 하고 기다린다는 뜻의 '차비대령'에서 나온 말이에요. 자비대령 화원으로 뽑히면 왕실의 중요한 그림을 그리기도 하고, 보통 사람들이 살아가는 모습을 담은 풍속화를 왕을 위해 그리기도 했어요. 자비대령 화원은 화원들 중에서도 최고의 화원이므로 특별한 대우를 받았어요.

홍도는 살그머니 방에서 빠져나와 옥사로 갔어요. 그러고는 옥을 지키는 병사들을 불러 모았어요.

"자네들 말이야. 내 소문 들었지? 내가 사또의 초상화를 그리고 있거든. 그뿐인 줄 아는가? 내가 바로 자비대령 화원이네."

그러자 옥을 지키던 병사들은 눈만 껌벅였어요.

"자비대령 화원이 뭐냐면 임금님이 부르시면 언제나 달려가는 화원이란 말일세. 그러니 내가 그린 그림은 임금님이 보신다는 뜻이지. 이렇게 밤에도 열심히 일하는 자네들을 그려 임금님께 올리고 싶은데 어떤가?"

홍도의 말에 넘어간 병사들은 그림을 그리는 홍도 앞에 모여 서서 꼼짝도 않고 한참을 서 있어야 했어요.

그 사이 숨어 있던 해치는 몰래 옥사에 들어갔다가 빠져나왔지요. 해치가 무사히 나온 모습을 본 홍도는 그림을 재빨리 완성했어요.

"모두 수고했네. 내 한양에 가면 이 그림을 임금님께 보여 드리겠네. 혹시 아는가? 열심히 일하는 모습이 기특하여 임금님이 상이라도 내리실지."

그리고는 휘적휘적 방으로 돌아왔어요.

다음 날, 사또의 초상화를 다 그린 홍도는 다시 홍진과 해치가 있는 훈장 댁으로 돌아왔어요.

그런데 어쩐 일인지 해치와 홍진의 표정이 좋지 않았어요.

"왜 그러느냐?"

"어제 옥사에 큰손이 형의 누나가 없었어요. 닮은 사람이 없어서 갇힌 사람들에게 그림을 보여 주며 물어봤어요."

해치가 말을 멈추자 홍진이 이었어요.

"글쎄, 옥에 갇혀 있던 소녀들 몇 명이 중국 상인들에게 노비로 팔려 갔다는구나."

홍도는 너무 놀라 입을 쩍 벌리고 아무 말도 못했어요.

"다른 일은 미루고 우선 중국 상인들 배에 가 봐야겠다. 배가 중국으로 떠나면 큰손이의 누나를 다시는 찾지 못할 거야."

세 사람은 너무 급한 나머지 계획을 세우지도 못하고 무작정 나루터로 달려갔어요.

조상들의 직업 한눈에 보기
궁궐의 예술을 담당했던 직업

조선 시대에는 음악, 미술과 같은 예술을 천하게 여겼어요. 하지만 궁궐에서 잔치를 열고 의식을 행할 때는 이런 일을 담당할 전문가들이 필요했어요. 궁궐의 예술을 담당했던 직업에는 어떤 것이 있었을까요?

악공
궁궐의 잔치나 의식에 필요한 음악을 연주하던 사람이에요.

화원
도화서에 소속되어 궁궐에 필요한 그림을 직업적으로 그리던 사람이에요.

니 하오마!

"앗, 저기예요."

나루터로 달려간 세 사람은 금세 중국 상인들의 배를 찾을 수 있었어요. 마침 중국 상인들은 조선에서 사들인 물건들을 배에 싣고 있었지요. 우선 배에 큰손이 누나가 있는지 확인을 해야 했어요. 조용히 지켜보던 홍진은 갑자기 도포와 갓을 벗어 던지고는 일꾼처럼 차림새를 꾸몄어요. 그리고 해치에게 말했어요.

"너는 중국 상인들에게 가서 중국어를 배우고 있다면서 '니 하오마!' 하고 인사를 하렴. 그 사이에 내가 배에 들어갔다 올게. 그리고 홍도는 여기서 기다리고 있어."

"그런데 '니 하오마'가 뭐예요?"

해치는 고개를 갸웃거렸어요.

"그건 중국말로 '안녕하세요?'라는 뜻이야. 전에 중국에서 사신이 왔을 때 배워 두었지."

홍진의 말에 해치는 '니 하오마'를 열심히 연습했어요. 그 사이 홍진은 큰손이 누나의 얼굴을 그린 그림을 확인하고는 일꾼에게서 짐짝 하나를 빼앗아 어깨에 얹었어요. 해치는 재빠르게 중국 상인들 앞으로 다가갔어요.

"니 하오마!"

중국 상인들은 중국말을 하는 소년이 신기했던지 미소를 띠며 바라보았어요. 해치는 중국 상인들이 알아듣던 못 알아듣던 '니 하오

역관들의 역할

임금의 명을 받아 공식적으로 외국에 가는 신하를 사신이라고 해요. 사신은 오늘날의 외교관과 비슷한 일을 했어요. 이때 왕이나 사신 옆에서 외국어 통역과 번역을 담당하던 사람이 바로 역관이에요.

역관들이 전한 외래 문물

역관들은 통역과 번역을 위해 외국을 다녔지만, 그 덕분에 다른 나라의 문화나 지리 등 많은 것들을 알 수 있었어요. 때로는 정치, 군사적인 문제까지도 자세히 살피고 보고해야 했지요. 또 새로운 기계나 다른 나라의 음식 등을 들여오는 데도 큰 역할을 했답니다.

마'를 외치며 말을 걸었어요.

"니 하오마! 제가 중국어를 공부하고 있거든요. 중국말 좀 가르쳐 주세요. 니 하오마!"

중국 상인들은 곧 귀찮아하며 해치를 내쫓았지만, 그러는 사이 홍진은 짐짝을 메고 무사히 배 안으로 들어갔어요.

잠시 후, 홍진은 짐꾼들에 섞여 무사히 배 밖으로 나왔어요.

"저 안에 있어. 내가 분명히 봤어. 들어 보니 4~5일 후에 배가 중국으로 간다고 해. 그 전에 구해 내야 돼."

"하지만 우리가 무기가 있는 것도 아니고 어떻게 구해 냅니까?"

홍도의 말에 홍진도 잠시 생각에 잠겼어요. 그러더니 해치와 홍도를 향해 말했어요.

"아무 방법도 없을 땐 정면으로 부딪쳐 보는 거야."

"하지만 말도 안 통하잖아요. 조금 전에도 '니 하오마'만 하면서 붙잡고 있느라고 얼마나 힘들었는데요."

해치의 말에 홍진은 빙그레 웃으며 대답했어요.

"네 말이 맞아. 우리한텐 통역을 해 줄 역관이 필요해."

"그런데 역관을 어디서 찾습니까? 중국어를 하는 역관을 찾기가 그리 쉬운 일은 아니라고요."

홍도는 다시 툴툴대기 시작했어요.

"아니에요. 저 중국 상인들이 있는 걸 보면 이 근방에 분명 중국어를 잘하는 역관이 있을 거예요. 저 상인들도 조선말을 잘 못하니 분명 통역해 줄 사람이 필요하지 않겠어요?"

해치의 말에 홍진이 빙그레 웃었어요.

"역시 우리 해치가 똑똑하구나. 아우야, 넌 어째 해치만도 못하느냐?"

입을 쑥 내밀고 있는 홍도를 데리고 홍진과 해치는 상인들에게 역관이 있는 곳을 물어보았어요.

그때 불쑥 한 사람이 나타났어요.

"당신들은 누군데 날 찾아다니는 거요?"

"당신이 역관이오?"

홍진이 묻자 역관은 인상을 찌푸리며 대답했어요.

"그렇소만 도대체 무슨 일이오? 아까 당신이 중국 상인의 배에 몰래 타고 내리는 것을 보았소. 혹시 물건을 훔치려는 도둑이오?"

역관이 퉁명스럽게 대답하는데도 해치는 역관을 찾은 것이 너무 기뻤어요.

"니 하오마예요. 니 하오마! 저흰 어떤 누나를 구하려는 거예요."

세 사람은 역관을 따라 역관이 머물고 있는 곳으로 갔어요.

역관의 방에 들어간 해치는 모든 것이 신기하기만 했어요. 처음 보는 물건들이 많았거든요.

"아저씨, 이건 뭐예요?"

"그건 시간을 알려 주는 기계란다."

"그럼, 이건요?"

해치가 귀찮게 꼬치꼬치 캐묻는데도 역관은 친절하게 잘 대답해 주었어요.

"넌 이것저것 묻는 모습이 우리 아들하고 똑같구나."

역관은 해치가 귀여운지 머리를 쓰다듬었어요. 처음에 보았던 퉁명스러운 모습과는 달라 보였어요.

"이쪽으로 앉으십시오. 아까는 수상한 사람들이 아닌가 생각이 되어 예의 없이 굴었습니다. 죄송합니다. 그런데 이 아이와 함께 다니시는 걸 보니 나쁜 분들은 아닌 것 같네요."

역관은 홍진과 홍도에게 친절하게 말을 건넸어요. 홍진은 큰손이를 도와주려는 사연과 관아에 갔던 일, 그리고 중국 상인들의 배에 오르게 된 이야기를 자세히 이야기했어요.

"그래서 저희를 좀 도와주셨으면 합니다. 처음 뵙는 분에게 이런 어려운 부탁을 드려 죄송합니다."

"아닙니다. 그런 일이라면 당연히 도와 드려야지요. 그래 무슨 좋은 수라도 있으십니까?"

그러는 사이 홍도는 또 신기한 물건들과 역관이 머무는 곳의 풍경을 열심히 그림으로 그리고 있었어요. 새로운 곳에 가거나 새로운 물건만 보면 그림으로 옮기는 버릇이 튀어나온 것이지요. 그 모습을 본 홍진은 고개를 절레절레 흔들며 역관에게 대답했어요.

"적당한 선물을 주고 그 아이를 보내 달라고 솔직하게 얘기할 생각입니다. 어떻게 생각하십니까?"

그러자 역관이 껄껄 웃으며 말했어요.

"그것 참 좋은 생각입니다. 어느 나라든 장사를 하는 사람은 다 똑같지요. 제대로 값을 치른다면 그것이 무엇이든 내어 주지 않겠습니까? 다만 손해를 보는 일은 절대로 하지 않을 테니 그만한 값을 치러야 할 것입니다."

"그럼, 이 방에 있는 물건들을 빌려 주시면 안 될까요? 신기한 물건이니까 틀림없이 좋아할 거예요."

그러자 홍도가 나무랐어요.

"해치야, 그건 이 분이 중국을 통해 우리나라로 들여온 물건이잖니. 그러니 그 사람들에게는 그리 신기할 것도 없는 물건이야. 게다가 공짜로 빌려 달라는 건 실례야."

그러더니 홍도는 품속에서 그림 한 장을 꺼냈어요.

"저는 도화서의 화원입니다. 제 입으로 말하긴 그렇지만 나름 실력이 있지요. 이 그림은 제가 정성을 들여 그린 그림이니 이 그림을 사 주십시오."

역관은 그림을 찬찬히 살피더니 고개를 끄덕였어요.

"정말 훌륭한 그림입니다. 좋습니다. 그림의 값으로 원하시는 것이 있습니까?"

"저는 무엇을 달라고 말씀드려야 할지 잘 모르겠습니다. 하지만 역관께서는 중국에 많이 다녀오시고 또 물품을 거래하며 장사도 하시지 않습니까? 그러니 역관께서 생각하시기에 중국 상인들이 좋아하고, 우리 요구를 들어줄 만한 것을 저에게 주십시오."

그러자 역관은 하인들을 시켜 큰 상자 하나를 가져오도록 했어요. 그건 바로 인삼 상자였어요.

"중국 사람들은 우리 인삼을 좋아하니 이 정도면 그 소녀를 보내

줄 것입니다. 그들이 아무나 만나 주진 않을 것입니다. 하지만 역관인 저라면 만나 주겠지요. 앞으로의 거래를 위해서도 저랑 사이를 나쁘게 하고 싶진 않을 테니까요. 제가 먼저 상인들에게 가서 여러분과 만날 수 있는 자리를 마련해 보겠습니다."

다음 날, 세 사람은 역관과 함께 중국 상인을 만났어요. 역관은 상인들과 세 사람이 나누는 대화를 통역해 주었지요.

"우리가 중국으로 데려가려는 소녀를 풀어 달라고요?"

"예, 대신 저희가 감사의 표시로 조선의 인삼을 한 상자 선물하겠습니다."

"조선의 인삼이라, 좋지요. 감사히 받겠습니다. 하지만 조건이 하나 더 있습니다."

중국 상인은 웃고 있었지만 딱 잘라 이야기했어요.

"저에게 선물을 하나 더 주십시오. 흙과 물, 불이 만나 하늘과 강물을 품은 것이 무엇이겠습니까? 저에게 이 조선의 가장 깨끗한 자연을 선물해 주십시오."

중국 상인의 말을 들은 홍진과 홍도는 당황했어요. 하지만 다시 중국 상인이 원하는 물건을 구하는 수밖에 다른 방법이 없었지요.

조선 시대에 역관이 되려면?

조선 시대에는 지금처럼 누구나 외국어를 배울 수 있는 것은 아니었어요. 나라의 필요에 의해 외국어를 잘하는 사람을 길러 냈지요. 이러한 일은 사역원이라는 곳에서 담당했어요. 그래서 역관이 되고 싶은 사람은 사역원에 들어가 외국어를 배우고, 역과 시험에 통과해야 돼요.
역관은 주로 양반과 평민의 중간 계급인 중인들이 되었어요.

해치는 나오면서 중국 상인에게 외쳤어요.

"하오, 워 삐쉬 호이 라이. 짜이 지엔."

밖으로 나온 홍도는 깜짝 놀라 물었어요.

"해치야, 너 언제 그렇게 중국어가 늘었느냐? 그게 무슨 말이냐?"

"어제 역관 나리 아들에게 잠깐 배운 거예요. '좋다. 난 반드시 돌아온다. 안녕!'이란 뜻이에요."

해치의 실력에 역관도 깜짝 놀랐어요.

"중국어를 그렇게 금방 배우다니. 게다가 발음도 꽤 좋구나. 너 혹시 역관이 될 생각은 없니? 내가 이 중국어 책을 선물로 줄 테니 잘 생각해 보렴."

그러자 해치가 부끄러운 듯 웃으며 대답했어요.

"생각해 보고 만약 그럴 생각이 들면 나리를 다시 찾아올게요. 그땐 어떻게 하면 역관이 될 수 있는지 자세히 가르쳐 주세요. 나리 아들이랑 함께 공부하면 좋을 것 같아요."

조상들의 직업 한눈에 보기
무역과 상업에 관련된 직업

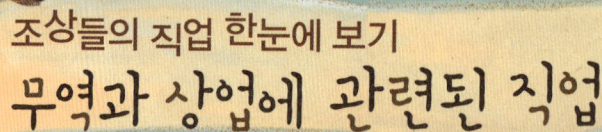

조선 시대에는 주로 며칠에 한 번씩 열리는 장이나
마을마다 돌아다니는 보부상을 통해 물건을 샀어요.
조선 시대에 무역과 상업에 관련된 직업에는 어떤 것이 있었을까요?

역관
외국에 사신을 파견할 때 통역과 번역을 담당하던 관리예요. 개인적으로는 외국의 물건을 사고팔기 어려웠기 때문에 역관들을 통해 무역이 이루어졌어요.

보부상
보따리나 지게를 이용해 물건을 갖고 다니며 팔던 상인들이에요. 장터나 마을을 떠돌아다니며 장사를 했어요.

객상
각지의 생산물을 운반해 필요한 곳에 팔던 상인들이에요.

물장수
옛날에는 수도 시설이 없어서 물이 필요하면 우물물이나 강물을 직접 길어다 써야 했어요. 그런데 1800년대에는 집집마다 물을 길어다 주고 돈을 받는 물장수들이 있었답니다.

시전 상인
조선 시대에 한양에 설치한 시장인 시전의 상인들이에요. 시전 상인들은 나라에 돈과 물품을 바치고 장사를 할 수 있는 권리를 얻었어요.

사기장

자연을 닮은 그릇을 만들다

"**과연** 흙과 물, 불이 만나 하늘과 강물을 품은 것이 무엇일까요? 또 조선의 가장 깨끗한 자연을 선물해 달라는 말은 무엇일까요?"

해치는 중국 상인이 했던 말을 곰곰이 생각해 보았지만 답을 알 수가 없었어요. 홍도는 화를 내며 대답했어요.

"그런 게 어디 있어? 그 중국 상인이 인삼만 챙기고 여자아이는 보내 주지 않을 생각으로 수를 쓴 걸 거야."

하지만 홍진의 생각은 달랐어요.

"아니야. 장사꾼이니 틀림없이 무언가 갖고 싶은 물건을 수수께끼로 낸 거야."

조선 시대에 사용하던 다양한 그릇들

오지그릇 붉은 진흙으로 만들어 말린 뒤 잿물을 입혀 다시 구워 낸 그릇으로 검붉은 색의 윤기가 나고 단단해요.

백자 백토로 만든 그릇에 투명한 유약을 발라 구워 낸 자기예요.

질그릇 진흙을 구워 만든 윤기 없는 그릇이에요.

놋그릇 놋쇠로 만든 그릇이에요.

분청사기 청자에 백토로 분을 발라 다시 구워 낸 그릇이에요.

　세 사람은 장터로 나갔어요. 세상에 있는 물건이라면 분명히 장터에서 그 답을 찾을 수 있을 것 같았거든요.

　"자, 출출하지 않으십니까. 새로 만든 쫀득쫀득한 인절미가 있습니다. 맛보고 가세요."

　인절미 이야기를 들으니 해치는 윤 상궁과 봉이 생각이 났어요.

　'얼른 돌아가서 봉이에게 좋은 소식을 전해야 할 텐데.'

　"자, 예쁜 비녀와 가락지 보고 가세요."

　"자, 튼튼한 농기구 있습니다. 백 년을 써도 끄떡없는 튼튼한 농기구 사세요."

자연을 닮은 그릇을 만들다

여기저기서 상인들이 손님을 불러 모으고 있었어요. 하지만 어디에도 중국 상인이 찾는 물건은 없었어요. 홍도가 중얼거렸어요.

"우리가 잘못 생각한 건 아닐까? 혹시 그냥 예쁜 돌이나 황토 흙 같은 걸 찾는 게 아닐까? 하지만 그렇다면 하늘과 강물은 어떻게 담는단 말인가?"

그러다가 그릇 가게 앞을 지날 때였어요.

"자, 자. 그릇들 보고 가세요. 질그릇, 오지그릇, 놋그릇 없는 것이 없습니다. 구경들 해 보세요."

그릇들을 본 홍도의 눈이 반짝였어요.

조선 시대의 경공장
중앙 관청에 소속되어 나라에 필요한 물품을 만들던 사람들을 '경공장'이라고 했어요. 경공장의 종류와 숫자는 아주 많아서 129종의 장인이 약 2800여 명이나 있었답니다.

사기장
분청사기나 백자와 같은 그릇을 만들던 장인이에요. 경공장 중에서 사기장의 수가 아주 많았어요.

인장
도장을 만드는 사람이에요.

웅피장
가죽을 다루는 사람이에요.

야장
농기구나 무기를 만드는 사람이에요.

"바로 저거예요. 그릇이에요. 질그릇, 오지그릇 모두 흙과 물, 불을 이용해 만들잖아요."

홍도의 말에 홍진도 무릎을 쳤어요.

"맞아. 게다가 조선의 가장 깨끗한 자연이라 했으니 그중에서도 백자야. 흙과 물, 불을 이용해 만든 그릇 중에 백자야말로 가장 깨끗한 흰빛을 띠고 있잖아."

"사기장을 찾아가야겠어."

홍진과 홍도가 동시에 소리쳤어요.

"사기장이요?"

해치는 사기장이 무엇인지 몰랐어요.

"그래, 옹기를 만드는 사람을 옹기장이라고 하지? 분청사기나 백자 같은 그릇을 만드는 사람이 바로 사기장이야."

"여기서 그냥 하얀 그릇을 사면 안 될까요? 며칠 뒤면 배가 떠나잖아요."

해치가 소리쳤어요.

"하지만 중국 상인이 시장에서 살 수 있는 싸구려 그릇을 원하는 건 아닐 거야. 게다가 하늘과 강물을 담아야 한다는 뜻은 아직 풀지 못했잖아. 사기장을 찾아가면 우리가 원하는 걸 얻을 수 있을 거야."

홍진이 대답했어요.

"사기장은 숫자가 많으니 분명 이 지역에도 있을 거야. 어쩌면 그릇

가게 주인이 알고 있지 않을까?"

세 사람은 결국 사기장이 있는 곳을 알아냈어요. 세 사람의 사연을 들은 사기장은 조용히 고개를 끄덕였어요.

"제대로 찾아오신 것 같군요."

"그럼. 이것들 중 어느 것을 가져가면 될까요?"

해치는 사기장이 가지고 있던 백자들을 가리켰어요. 그곳에는 다양한 모양과 쓰임의 그릇들이 나란히 놓여 있었지요. 하지만 해치의 질문에 사기장은 고개를 저었어요.

"저도 돕고 싶지만 조금 힘들 것 같습니다. 이 그릇들 중에는 중국 상인이 원하는 것이 없어요. 흙과 물, 불이 만나 이루어진 것은 그릇이 맞습니다. 흙을 물에 개어 모양을 만들고, 불에 구워 그릇을 만드니까요. 게다가 조선의 가장 깨끗한 자연을 선물해 달라고 했으니 그릇들 중에서도 가장 깨끗한 빛을 지닌 백자가 맞습니다. 그렇다면 하늘과 강물을 품은 것은 무엇이겠습니까? 바로 하늘에 떠 있는 구름 문양이 그려진 백자를 말하는 것입니다. 그중에서도 차를 담아 놓은 잔이라면 강물을 품은 것처럼 보이겠지요."

사기장의 말에 세 사람은 조용히 고개를 끄덕였어요.

"그럼 저희에게 그 잔을 만들어 주세요."

해치는 간절하게 부탁했어요.

자연을 닮은 그릇을 만들다

"만들어 보겠지만 쉽지는 않을 것 같아요. 사기장들은 각자 맡은 역할이 다 달라요. 혼자 그걸 다 해내기는 어렵습니다. 특히 백자에 무늬를 그려 넣는 것은 자신이 없군요."

"그건 이분이 할 수 있어요. 이분은 도화서 화원이에요. 그림 실력도 뛰어나요. 그렇죠?"

해치는 홍도를 바라보았어요.

"그건 제가 도와드리겠습니다."

세 사람은 사기장의 일을 열심히 도왔어요. 흙을 나르고 장작을 땠지요. 그릇을 만드는 과정은 복잡했어요. 가마에 불을 땔 때는 잠도 자지 않고 불을 지펴야 했어요. 드디어 그릇에 그림을 새겨 넣을 때가 되었어요.

"그림을 그릴 땐 이렇지 않았는데, 그릇에 그려 넣으려니 몹시 떨리는걸."

홍도는 숨을 크게 쉬고는 그릇에 작고 예쁜 구름 문양들을 그려 넣었어요.

"해치야 일어나렴. 가마에서 그릇을 꺼낼 때가 되었어."

피곤했는지 깜박 잠이 들었던 해치는 놀라서 벌떡 일어났어요. 드디어 완성된 찻잔과 주전자가 나왔어요.

"와, 아름다워요."

해치가 소리쳤어요. 하얗게 빛나는 찻잔과 주전자에는 푸른색으로 그려진 구름이 빛나고 있었어요. 며칠 간 제대로 먹지도 못하고 잠도 못자며 일을 도운 홍진과 홍도도 기뻐하며 그릇을 바라보았어요. 하지만 사기장은 마지막까지 완성된 그릇을 꼼꼼히 살폈어요. 그리고 잠시 후 미소를 지었어요.

"이제 다 되었습니다."

세 사람은 중국 상인에게 달려갔어요.

사기장이 만들었던 그릇들
사발, 술병, 항아리, 요강, 연적, 대접 등 관청이나 나라에 필요한 그릇을 만들었어요.

홍진은 만들어 간 찻잔에 맑은 녹차를 우려 따라 주었어요. 그 모습을 본 중국 상인은 몹시 기뻐했어요.

"정말 아름다운 그릇이군요. 이 문제를 풀기 어려웠을 텐데, 정말 놀랍습니다. 그리고 짧은 시간에 이렇게 좋은 주전자와 찻잔을 구해 선물해 주신 걸 보니 틀림없이 고생이 많으셨을 겁니다. 이제 저도 약속을 지키지요."

중국 상인은 더 이상 아무 말도 하지 않고, 큰손이의 누나를 보내 주었어요. 큰손이네 가족과 세 사람은 부둥켜안고 서로 기뻐했어요.

"고맙습니다. 정말 고맙습니다."

큰손이와 아버지는 세 사람에게 감사 인사를 했어요. 그리고 언제 만들었는지 예쁜 갖신 한 켤레씩을 선물로 주었어요.

그날 큰손이네 가족과 세 사람은 맛있는 식사를 하며 즐거운 저녁을 보냈답니다.

다음 날, 홍진은 관아로 갔어요.

"암행어사, 출두요!"

마패를 들고 들어가며 이렇게 외친 사람은 바로 해치였답니다. 홍진이 연락해 둔 역졸들이 들어와서 사또와 못된 관리들을 잡았어요. 홍진은 단상에 앉아 못된 사또의 죄를 낱낱이 밝혔어요. 오랫동안 시달리던 백성들은 관아 담장 밖에서 그 모습을 보며 즐거워했지요. 홍도는 그새 한 구석에 앉아 그 장면을 그리느라 바빴답니다.

모든 일을 마치고 세 사람은 사람들과 인사를 나누었어요. 힘든 일을 이겨 낸 갖바치 큰손이네, 그리고 도움을 준 역관과 사기장, 훈장님까지 모두 모였어요. 그리고 고을을 나서자 온 고을 사람들이 밖으로 나와 손을 흔들어 주었어요.

"나리, 암행어사 하시느라고 허름한 옷만 입으시다 이렇게 제대로 차려입으시니 멋있네요."

"그럼, 내가 안 꾸며서 그렇지 원래 인물이 좋단다."

해치의 말에 홍진도 기분 좋게 대답했어요.

"그나저나 암행어사 일을 도와 보니 어떠냐? 아직도 암행어사가 되고 싶으냐?"

홍진이 해치에게 물었어요.

"암행어사는 정말 멋진 일인 것 같아요. 하지만 너무 힘들어요. 게다가 전 양반이 아니니 될 수도 없잖아요? 그래도 이젠 괜찮아요. 세상엔 멋진 직업이 아주 많다는 걸 알았거든요. 주막에 돌아가면 무얼 하면 좋을지 좀 생각해 보아야겠어요. 외국에 나가 더 넓은 세상을 볼 수 있는 역관도 좋고, 세상을 종이에 담는 화원이 되는 것도 좋을 것 같아요."

해치는 역관이 선물한 중국어 책과 홍도가 준 화보를 들고는 번갈아 바라보았어요. 그러자 홍도가 그동안 그린 그림 꾸러미를 힘겹게 들고 오며 소리쳤어요.

"무슨 소리야, 화원이 제일 멋있지. 그런데 해치야 이것 좀 같이 들어 주면 안 되겠니? 내가 한양 가서 그림 잘 그리는 법 가르쳐 줄게!"

"죄송해요. 제가 생각할 게 좀 많아서······. 헤헤헤."

홍도는 내려올 때처럼 계속 투덜거렸고, 홍진은 암행어사의 임무를 무사히 마친 것을 기뻐하며 한양으로 향했어요. 그리고 해치는 앞으로 만날 새로운 세상에 대한 기대와 설레는 마음을 안고 걸음을 옮겼답니다.

조상들의 직업 한눈에 보기
조선 시대 장인들

장인은 전문적인 기술을 가지고 생활에 필요한 물품을 만들던 사람들이에요. 작은 물건 하나에도 정성을 아끼지 않았던 조선 시대 장인에는 어떤 사람들이 있었을까요?

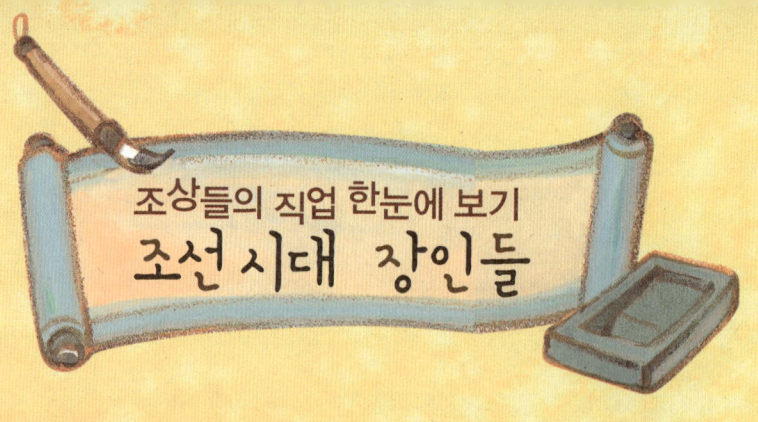

지장
닥나무를 이용해 전통 한지를 만드는 장인이에요.

야장
대장간에서 쇠를 달구어 낫, 호미 등의 농기구나 창, 칼 등의 무기를 만들던 사람이에요. 각 관청이나 지방에도 야장을 두어 나라에 필요한 무기와 농기구를 만들도록 했어요.

옹기장
진흙으로 그릇을 만들어 불에 구워 옹기를 만들어 팔던 사람이에요.

채상장
가늘게 쪼갠 대나무에 물을 들이고 엮어서 여러 가지 물건을 만드는 사람이에요.

매듭장
색실이나 노끈으로 다양한 전통 매듭을 만들고 술을 달아 다양한 장식 용품을 만드는 사람이에요.

한눈에 펼쳐 보는 전통문화 우리 옛 직업

교육 기관과 관련된 직업

조선 시대에 가장 많이 볼 수 있었던 선생님은 바로 서당의 훈장님이에요. 그밖에 조선 시대의 교육 기관과 관련된 직업에는 어떤 것이 있었을까요?

천하게 여겼던 직업

조선 시대에는 신분이나 하는 일에 따라 차별을 많이 받았답니다. 조선 시대에 사람들이 천하게 여겼던 직업에는 어떤 것이 있었을까요?

궁궐의 배슬을 담당한 직업

조선 시대에는 음악, 미술과 같 하지만 궁궐에서 잔치를 열고 전문가들이 필요했어요. 궁궐의 있었을까요?

무역과 상업에 관련된 직업

조선 시대에는 주로 며칠에 한 번씩 열리는 장이나 마을마다
돌아다니는 보부상을 통해 물건을 샀어요.
조선 시대에 무역과 상업에 관련된 직업에는 어떤 것이 있었을까요?

장인

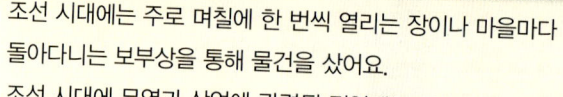

은 예술을 천하게 여겼어요.
의식을 행할 때는 이런 일을 담당할
예술을 담당했던 직업에는 어떤 것이

장인은 전문적인 기술을 가지고 생활에 필요한 물품을 만들던
사람들이에요. 작은 물건 하나에도 정성을 아끼지 않았던 조선 시대
장인에는 어떤 사람들이 있었을까요?